光文社古典新訳文庫

憲政の本義、その有終の美

吉野作造

山田博雄訳

kobunsha classics

光文社

Title : 憲政の本義を説いて
其有終の美を済すの途を論ず
1916
Author : 吉野作造

凡例

一　本書は、以下を底本とした。『吉野作造選集』第二巻（岩波書店、一九九五年）所収の「憲政の本義を説いて其有終の美を済すの途を論ず」。

一　読みやすさを優先して、「小見出し」（二、三の例外を除く）を付け、改行を多くし、〔　〕内に理解を助けるための最小限の文章を加えた。それらはすべて訳者による。

『憲政の本義、その有終の美』＊目次

憲政の本義、その有終の美

憲政の根本的な考え方・大切な精神をすみずみまで徹底させて、立派な成果をあげるための方法を論ずる

「立憲」という考え方をだれもが身につけよ

去年（一九一五年）十二月一日から東京で開かれていた全国中学校長会議で、高田《たかた》早苗《さなえ》[1]新文相《ぶんしょう》がわざわざ訓示《くんじ》を与えて言った。「「立憲」というものの考え方[2]・意味・その目的を身につけることが、まさにいま現在の急務である」と。その発言は世間の注目をあびた。また水戸中学校長の菊池謙二郎《きくちけんじろう》氏が、大隈重信《おおくましげのぶ》[3]内閣の居《い》すわりと立憲思想との関係について、文相に説明を求めて厳しく追及したことも大いに世間の耳目《じもく》を集めた。高田文相の訓示には、こういう一節がある。

（上略）中等教育にはさまざまな方針があってよいが、私は、「立憲」という考え方を理解し身につけることが、いま現在の急務であると信じている。わが国に

おいては、憲法〔大日本帝国憲法〕施行《しこう》以来、まだ日も浅く[4]、憲法に基《もと》づいて行う政治、「憲政」なるものを、国民がまだよくわかっていない。先日の総選挙をみれば、それは明らかだろう。憲法を制定し、その憲法に基づいて行う政治、「立憲政治」の運用がうまく行くかどうかは、国家の重大問題である。だから、特に中等教育にたずさわる者は、この点にかんして十分注意されることを希望する（下略）

歴代の文部省の当局者も、右の中学校長会議でなされたのと同じような訓示を垂《た》れたことがあったかどうか、私は知らない。ただ、長年にわたり民間にあって「立憲」というものの考え方・意味・その目的の重要性を主張し、「国民の間にこの考え方に対する理解と共感が広がらなければならない」と唱《とな》えてきた高田氏のことである。だから、こんど文相になって特にこの点を力説し、中学校長諸氏に注意を呼び起こしたとしても、なんの不思議もない。

いままで同じような機会に、同じような訓示が、だれからも発せられなかったとしても、一般の人びとが「立憲」なるものの考え方を理解し、身につけることが必要だ

1　高田早苗（一八六〇～一九三八）。江戸生まれ。明治・大正・昭和期の教育家・政治家。大隈重信の改進党結成、東京専門学校（現・早稲田大学）創設に参画、同校で英国憲法史などを講じ、他方政界にも進出。一八九〇年以来、衆議院議員当選六回。一九一五年、第二次大隈内閣文相。

2　「立憲」というものの考え方　ごく大ざっぱにいえば、憲法を制定し、それに従って統治するという政治の在り方。政治権力の恣《し》意的支配に対抗し、権力を制限しようとする原理。「恣意的」とは、論理的に必然性がなく、自らの好みや思い付きで行動するさまをいう。

3　大隈重信内閣　すぐ後の本文に出てくる、高田早苗文相の「訓示」のなかにある「先日の総選挙を……」以下と関連するが、そのおおよその内容は、以下のとおりである。

一九一五年の第一二回総選挙に際して、大隈重信内閣が大浦兼武《おおうらかねたけ》内相に担当させた選挙干渉では、警官の戸別訪問、いやがらせ、投票買収、地方長官の職権濫用《らんよう》など旧来の選挙干渉の手段のほかに、新しい方法も行われた。すなわち、財閥の圧力や買収資金を使って「反対党」である「立憲政友会の候補者」の立候補そのものを妨害し、逆に「与党候補者」には「選挙資金」を提供した。また、この選挙では初めて、内相、陸相、海相を除く「全閣僚が遊説を行い」、はなやかな選挙運動が展開された。選挙結果は与党の圧勝となったが、その直後、大浦内相は候補者の立候補辞退にからむ収賄罪で告訴され、さらに議会内での買収容疑が発覚したため、七月「辞職引退」を余儀なくされた。大隈も辞表を提出したが、八月、内閣改造で留任となった。

4　大日本帝国憲法は、一八八九年二月一一日発布、九〇年一一月二九日施行。したがって、吉野のこの論文が発表された時点（一九一六年）では、施行から二五年になる。

という説は、けっして新しいものではない。しかも教育機関の協力によって、「立憲」という考え方を一般の人びとに普及させることが、最も簡単、かつ最も有効な方法だということも、かなり早くから知られていた。中学校教科課程の中に「法制」という一科目を加えたのも、この理由にもとづくのである。

しかしこれらの施策《しさく》は、ほんとうにその目的を達しただろうか。わが国の「憲政」は、その創設以来、すでに四半世紀《しはんせいき》〔二十五年〕になるが、その間、「憲政」に対する国民の理解はどれほど進み、知識はどれほど増えただろうか。いまここで文相が改まってわざわざ「立憲」という考え方を理解し身につけることが、いま現在の急務である」と言うのは、どういうことか。それは結局、民間でなされてきた過去の努力が失敗だったことを証明するものではあるまいか。

いずれにせよ、「立憲」なるものの考え方を理解し身につけることは、たしかに「いま現在の急務」である。この点、私は高田文相にまったく同感だ。とはいえ、口で言うのは簡単で、問題は「立憲」なるものの考え方を理解し身につけるという目的を「いかにして達成するか」である。どんなにくり返しその必要を叫んでみても、どうしたら「立憲」という考え方を身につけられるのか、その具体的な方法を示さないのでは、せっかく訓令《くんれい》[6]の内容をもっともなことだと感じた教育者諸君にしても、いざ実行となったとき、どう手をつけたらいいのか分からないだろう。

それならば、文部省の当局者は、教師が生徒に対して「立憲」なるものの考え方を身につけさせるための方法論、実地の手引となる細かな具体案をもっているのだろうか。

まずは「立憲政治」の正確な理解から

「立憲」という考え方を自分のものとする具体的な方法を研究するにはどうするか。もちろんそのためには、まず「立憲という考え方に基づいて行われる政治」とは何かの正確な理解から始めるほかはない。不正確な理解に基づいて、適切な方法を組み立てられるはずがない。私はつね日ごろ残念に思っているのである、すなわち、わが国

5 法制　一九〇一年三月、「中学校令施行規則」が制定され、学科目に新しく「法制」および「経済」が加えられた。その主な内容は「法制及経済ニ関スル事項ニ就キ国民ノ生活ニ必要ナル知識ヲ得シムル」ことにあった。

6 訓令　上級官庁が下級官庁に対して、法令の解釈または事務の方針にかんして下す命令。

のいわゆる知識人たちの間で、「立憲という考え方・意味・その目的にかんする理解が、きわめて不明瞭で不徹底」だということを。

私は、高田早苗文相がこれまで「立憲思想」を主張し、その普及に少なからず力を尽くしてきた人だと聞いていた。ところが菊池・水戸中学校長の「憲政」にかんする核心をついた質問に対して、文相はけっして単純明快な答弁をされなかった。だからこそ、私はこれらの立派な教養のある方々《かたがた》に対してさえも、じつは今日なお、まずは「憲法に基づいて行われる政治の本来の意味そのものを説く必要がある」と強く感じたのである。

先に引いた高田文相の言葉にある通り、たしかに「「憲政」なるものを、国民がまだよくわかっていない。先日の総選挙をみれば、それは明らかだろう」。だが「憲政」とは何かを理解していないのは、なにも一般の人々ばかりでなく、知識人といわれる人々の間でもそれは同じなのだ。げんに「立憲」思想とまったく両立しない「専制」[7]的な論議が今日しばしば公然と、政治家にも、また民間で政治を論ずる人にも、行われているのをみるではないか。

一国文化の指導者であるべき知識人にしてなおかつ、「憲政」に対するこのような不正確な理解にとどまっているとすれば、どんなに一般の国民に「憲政」の考え方を教えようとしても、「憲政の根本的な考え方・大切な精神をすみずみまで徹底させて、立派な成果をあげる」ことはできない。というわけで、いまこそ、知識人と一般の人びとの両者に向けて、最も率直に、最も大胆に、最も徹底的に「立憲政治」の正確な意味を説くべき時ではあるまいか。

私はこう考えるがゆえに、遠慮したり恐れたりせず、あえてここに「憲政の根本的な考え方・大切な精神・正しい意味」にかんする愚見《ぐけん》を述べて、広く世間一般の人びとに批評してもらおうと思うのである。

7　専制　ひとり勝手に物事を判断し、思いのままに事を決すること。「専制政治」についてはすぐ後に出てくる。19頁注3参照。

「制度」「運用」そして国民一般の「智徳」が問題

「憲政」すなわち「憲法に基づく政治」がうまく行われるかどうか。

　この問題は二つの点に係わる。一つは「制度」とその「運用」の問題であり、もう一つは、国民一般の「智徳《ちとく》[1]（知識と道徳）」の問題である。「憲政」は、国民に十分な知識があり、人として行うべき行為をよく行い、善悪の的確な判断力が発達してこそ、成り立つ政治の仕組みである。だから、国民一般の智徳の水準が低ければ、「少数の賢者」つまり「英雄」[2]に政治上の世話を任《まか》せるという、いわゆる「専制政治」[3]または「貴族政治」[4]を受けいれるほかはない。

　だから、「立憲政治がいいか」、「貴族政治がいいか」という問題は、もともと国民の知識と道徳の程度に応じて決まる問題なのである。かりに国民の智徳の程度がかなり高いにもかかわらず、「貴族政治」を維持しようとすれば、それは不当である。逆に、国民の智徳の程度が低いにもかかわらず、あえて「立憲政治」を行おうと望むのもまた、適当でない。

とはいえ、今日の諸国家においては、むろん二、三、例外に属する国家はあるにしても、おおよそ国民の智徳はかなり高くなっていることはいうまでもない。なかには、それほどでない国家もあるが、少なくともその中には、智徳が高度に発達した、少なくない数の国民が必ず存在する。

だからこれらの人びとを通じて、人民の諸権利を保護し人民が政治に参加するという「民権思想」は、どこの国でも非常に広く行きわたっている。したがって今日、高

---

1 「智徳」 国民一般の「智徳」の進歩・向上が重要とする考えは、たとえば福沢諭吉に通ずるだろう（福沢『文明論之概略』〈一八七五年〉の第四章〜第七章）。

2 「英雄」 才知にすぐれ、非凡な事業をなしとげる人。

3 「専制政治」 一人または複数の支配者による絶対的で、恣意《しい》的な統治。支配者と被治者とは完全に断絶しており、被治者が政治について参加し議論することはできない。

4 「貴族政治」 貴族という特定の階級が統治する政治形態。

度の文明をもつ国家においてはもちろんだが、それほどでない国家においてさえ、専制的な「貴族政治」を行っていくことは、まず不可能な状況となった。国民一般の智徳の発達が不十分で、まだ「立憲政治」を行うのはふさわしくないように見える国家でも、世界の大勢に押されて、「貴族政治」はもはや成り立たない有り様《さま》である。

こういった時代の状況からみると、国民一般の智徳の発達が不十分な国家においては、「立憲政治」を行うのは、まだ少しばかり時期が早いと思われたとしても、いまや「立憲政治」を行わなければならないという勢いに迫られているのである。

たしかにこれが世界の大勢であり、いまさら反抗することはできない、ということになれば、先覚者〔人より先に道理や物事の重要性を理解する人物〕ならば当然に、一方では憲法に基づく政治、「憲政」の制度をつくり出すことに努力し、同時に他方では、進んで国民を教え導き、一日も早く、国民が「憲政」をうまく運用できるようになることに努めるべきである。こういう努力をしなければ、たとえ立憲政体の「形式」がほとんど完璧に整備されているとしても、その「運用」はけっして十分でも完全でもあり得ない。

だから「憲政」を創設し確立しその「運用」を徹底して、成果をあげる根本的な要件は――ことに政治上の後進国においては――、要するに国民の「智徳」を養成することが第一である。ところがこの国民の智徳を高め養うということが、なかなか一《いっ》朝一夕《ちょういっせき》の事業ではないのだ。

ひるがえって、わが国の状態を考えてみよう。私たちは国民の智徳が不十分なうちに、早くも「憲政」を施行《しこう》したので、今やあちこちに破綻《はたん》が生じて、世を治める志《こころざし》のある者は、あまりに困難が多すぎて、いつになったら目的が達せられるのかわからず途方に暮れる「日《ひ》暮《く》れて道遠《みちとお》し」という思いにかられている。

しかしいまさら針路を逆転して、昔の「専制時代」にもどることはできない。だから、私たちはますます自らを励まして、改善・進歩するための方法・手段を考えるほかはない。そして国民の智徳を養成するために、政治家だけでなく、教育家、宗教家そのほか社会各方面の知識人が力を合わせ努力することが大切なのだ。私たちは、それに対してきわめて大きな期待をよせるのである。

国民の「智徳」の差――アメリカ合衆国とメキシコの場合をみよ[5]

同じ程度に十分な立憲政治の「形式」を備えていながら、国民の智徳が高いか低いかのちがいによって、憲政の「運用」については両極端の現象がみられる。アメリカ合衆国とメキシコが、そのいい例である。この両国は、新大陸において南北に隣接しているだけに、そのちがいがじつに鮮《あざ》やかに見えるのだ。アメリカ合衆国は、いうまでもなく憲政の運用に最もよく成功し、物質的にも精神的にも、今日国家の発展しつつある様子はなんとも目覚ましい。

もっとも、こう言う人たちもある。「アメリカの最近の政治は、国民の多数を占める労働者そのほかの下層階級のわがままに媚《こ》びて、だんだんと政治の質が落ちてきた」と。けれども、それはまったく誤りである。政治家が労働者の考えに迎合《げいごう》する傾向があるのは、事実にちがいない。だが、少しも労働者の気持ちや考えを聞こうとしないのであれば、政治家として、自分のめざすことを実現していくことは、まずできないようである。

とはいえ、アメリカの政治家はいたずらに労働者に迎合するだけではない。彼ら政治家は、労働者の投票によってみずからのめざすことを広く実現しようとする一方で、労働者の友となり、ほかの人よりも先に事の道理や重要性を知って、それを広く世に知らせようとする、労働者の精神的な指導者でありたいという目的や決意もあるのだ。

アメリカの政治家は、形式的には労働者の召使《めしつか》いだが、実質的には労働者の指導的な精神である。労働者もまた、形式的には政治家を自分のために働かせるが、精神的には政治家の人格と言論を理解し判断して、労働者みずからが最良だと判断した政治家のいうことにしたがって、自分の立場を決めるだけの見識をもっている。だから、労働者が大きな勢力をもっている国でありながら、ルーズヴェルト[6]のような、またウィルソン[7]のような、世にも稀《まれ》な英雄が国家最高の地位につくことになるわけだ。私

5　以下の記述には、メキシコおよびスペイン人に対して、今日の価値観からすれば差別的な言説がある。もちろん今日、批判されなくてはならないが、ここでは原文の尊重と吉野作造の生きた時代の制約などを考え合わせて、そのまま訳出する。読者のご海容を乞う。

6　セオドア・ルーズヴェルト〔ローズヴェルトとも〕（一八五八〜一九一九）アメリカ合衆国、第二六代大統領。連邦政府の権限拡大により公共の利益を守ることを唱え、独占企業に対する反トラスト法の適用などを行う。また日露戦争の講和を斡旋《あっせん》、モロッコ問題を解決。ノーベル賞受賞。

7　ウィルソン（一八五六〜一九二四）アメリカ合衆国、第二八代大統領。「新しい自由」のスローガンのもとに革新政治を行う。第一次大戦中、一九一七年に対独宣戦を布告。一八年、民族自決・国際連盟設立・通商障壁撤廃《しょうへきてっぱい》などを含む十四カ条を提唱、一九年のパリ講和会議に臨む。ノーベル賞受賞。

たちは、アメリカの最近の政治に対して、けっして「憲政」の失敗を認めることができないのである。

これとは逆に、メキシコでは、このごろの新聞記事によっても明らかなように、年がら年中紛争を重ね、そのため国民は耐えがたい苦しみを経験している。歴史をふり返ってみると、メキシコは建国以来、ほとんど変乱の絶《た》えたことがない。この国がスペインから独立したのは、いまからおよそ百年前〔一八二一年〕であるが、それ以来今日まで、大統領の地位はつねに血をもって争われ、歴代の大統領の中で無事に天命をまっとうできた者はきわめて少ない。多くは暗殺に倒れ、または海外に追いやられて、悲惨な最後をとげたのである。

最近では、ポルフィリオ・ディアス[8]は三十余年の長いあいだ、大統領の地位を独占し、その間、メキシコの平和的な産業の発達を企《くわだ》てたというけれど、この三十年続いた平和も結局は、反対党の買収あり、投獄《とうごく》あり、海外に追いやったり、暗殺したり、などによって手に入れたものであって、けっして健全な平和ではなかった。

一九一一年、長年にわたり、どうにか平和な時期にめぐりあって世にもてはやされたディアスも、マデロ[9]に追放されるところとなって以来、再び混乱が始まった。マデロもまた、一九一三年の二月、幕将ウエルタ[10]によって殺された。そこでウエルタに対する憲政軍の反抗となり、一転してまた憲政軍の首領カランサ[11]とヴィリャ[12]との反目《はんもく》抗争が起こった。一九一四年の七月、ウエルタが外国に逃亡してから、昨年（一九一五

8　ポルフィリオ・ディアス（一八三〇～一九一五）　メキシコの政治家、大統領（在任一八七七～八〇、一八八四～一九一一）。一八七六年、武力によって政権をとり、のち三五年間にわたって事実上独裁体制をしいた。一九一〇年、マデロの呼びかけによりメキシコ革命が勃発、翌一一年五月、ディアスは国外へ逃れ、フランスで病死。

9　マデロ（一八七三～一九一三）　メキシコ革命運動の指導者、大統領（在任一九一一～一三）。一九一〇年、ディアス大統領の再選反対運動を起こし大統領候補となる。同年、マデロによる武装蜂起に始まるメキシコ革命が起こり、ディアスを追放、大統領に。しかし一九一三年、ウエルタの武力反乱に敗北し、暗殺された。

10　ウエルタ（一八五四～一九一六）　メキシコの政治家、大統領（在任一九一三～一四）。一九一三年、マデロを暗殺し、大統領に。しかし一九一四年、カランサを中心とするメキシコ北部勢力に倒され亡命。

11　カランサ（一八五九～一九二〇）　メキシコの政治家、大統領（在任一九一七～二〇）。メキシコ革命勃発と共にマデロの運動に参加。一九一三年三月、反革命勢力打倒と護憲主義を掲げた〈グアダルーペ宣言〉を出して護憲主義運動を組織。ウエルタを破り、一四年政権を握る。

年」の六、七月頃までの間に、首都メキシコシティはじつに前後八回も次から次へと政権が交代したのだった。

去年の秋、アメリカ大陸諸国が協議の上、カランサを承認して、かれを助けることにした。だから、これからしだいに抗争は収まるかもしれない。だが、隣国のアメリカ合衆国のような幸福な政治状態になる見込みは、もちろんきわめて少ない。それどころか多少の混乱はしばらく続くだろうと思う。このようにメキシコ国民は、いまや戦乱の激しい暴力にさらされて、何とも表現しようのないような悲惨な状況にある。

隣り合う両国ではあるけれど、このように一方はますます勢いよく栄え、他方は混乱につぐ混乱という有り様である。一体どんな理由から、こんなちがいが生じてくるのだろうか。

「智徳」の差が生じる理由《わけ》

憲法上の「制度」にかんして、メキシコはまったくアメリカ合衆国の真似《まね》をしたのだから、「形式」的な仕組みの点では、両者はまったく同じ。にもかかわらず、ほとんど両極端な差が生じてしまう理由は、結局のところ、両国民の「智徳」の程度が大きくちがうからなのである。

それにしてもなぜ、アメリカ合衆国とメキシコは、隣り合わせた国どうしにもかかわらず、これほど大きな差ができてしまったのか。それには深い歴史上の原因がある。第一には、この両国はいうまでもなく、ヨーロッパ人によって建国されたが、しかしそもそもこの両国は、それぞれの国に移民してきた人たちの本国が同じではない。アメリカ大陸は、ちょうど合衆国とメキシコとの国境線を境として、北米大陸は初めから主として英国のいわゆる「アングロ・サクソン」族が移住してきた場所であり、南米大陸はすべて――ブラジルがポルトガル人の移民から成るのを唯一の例外として――もっぱらスペインからの移民である。この点からいうと、メキシコと合衆国との差は、ちょうどスペインと英国との差である。今日、ヨーロッパにおいて、英国人とスペイン人とは、その政治的能力にかんして、大きくかけ離れていると言われてい

12　ヴィリャ（一八七七～一九二三）　メキシコ革命動乱期の軍事指導者、政治家。そのすぐれた軍事作戦能力と勇猛果敢な活躍によって今日でも大衆に親しまれている伝説的英雄。ディアス独裁政権打倒に貢献。カランサの護憲運動に参加したが、対立し、カランサ政府に対する反抗運動を展開。カランサの死後、政府と和解し引退したが、一九二三年、暗殺される。

るが、この差異が、そのまま新大陸での合衆国とメキシコにも反映しているのである。

第二に、英国とスペインの、両国からの移民は、もともと本国ではどのような「階級」に属していたのかといえば、合衆国に移住した英国人は、本国ではおおよそ最も上流の「階級」に属していた。彼らは、国家における地位や財宝・財産については、なにも誇るに足るものを持っていなかったけれど、知識・道徳の点では、全英国民の中で最も卓越した「階級」に属していた。すなわち彼らはピューリタン（清教徒《せいきょうと》）[13]である。

そもそも米国を建設した最初の人たちは、本国の英国において、宗教的圧迫の苦痛から逃れようとして、一六二〇年九月、メイフラワー号（「五月の花号」）に乗って、英国の港、プリマスを出帆《しゅっぱん》したのである。七四人の男子と二八人の婦人から成る、いわゆる「ピルグリム・ファーザーズ」[14]の一団である。彼らが清教徒としてキリスト教徒の中で、最も厳格な生活を営み、最も熱烈な信仰をもっていることは、すでに私たちの知るところである。そして彼らはほんとうに、北米の地に一つの新しい自由の天地を切りひらいて、神の考えをそのままに実現することをめざすという、大きな計画・決意をもって移住してきたのである。

この計画・決意は、いまでも合衆国国民の精神を形づくっているものだ。もちろんその後、各国からさまざまな移民がやって来た。それによって合衆国国民の品位は、多少は下がりつつある。または少なくともその心配があると言われているけれど、今日でもいまだに、最初にやって来た清教徒たちの理想と決意は、ほかの移民をも感化する強い力をもっている。

これに反してメキシコの移民はといえば[15]、こちらは本国のスペインにおける無法者《むほうもの》やごろつきであるか、さもなければ労働者または軍隊で最下級の軍人である兵卒《へいそつ》など、みな下層階級の人間がその主なものたちである。もともと移民というのは、下層社会から出るのが普通で、合衆国のような上流階級出身者というのは、むしろ稀《まれ》な例外であり、メキシコのほうが普通なのである。そう

13　ピューリタン（清教徒）一六〜一七世紀のイングランド、およびニュー・イングランドにおける改革的プロテスタント・キリスト者の総称。

14　「ピルグリム・ファーザーズ」一六二〇年、信仰の自由を求めて、メイフラワー号で、米大陸ニュー・イングランドに渡来、最初の植民地（プリマス）を開いたイギリス清教徒の一団。

15　以下の記述にも差別的表現がみえる（23頁注5参照）。読者諸賢のご海容を乞う次第である。

でなくても英国人より劣るスペイン人なのに、さらにその中の、ことに劣等な階級から出てきたのだから、アメリカ合衆国とメキシコの両者の間に、大きな差異があるのはやむを得ない。

さてこれで終わりだが、第三に、アメリカ合衆国とメキシコの両国の移民の、移住後における家庭関係の点も比べてみよう。参考に値《あたい》するからだ。

英国からやって来た人びとは、本国における宗教上の圧迫を逃れて、自由の新天地を拓《ひら》こうとして渡来したのだから、だいたいはみんな家族と一緒に移住して来た。そうでない人も、意志の固い、しっかりした精神をもつ清教徒である。だから、新天地に移住後も、彼らの中には原住民と結婚するというような者は一人もなかった。

ところがメキシコに移住した人びとは、労働者や兵士などであり、だれも妻子をもっているような者はいない。それだけでなく、彼らは、道徳上の守るべきおきて・戒律《かいりつ》をもっていなかったので、たちまち原住民と結婚し、そのため多くの混血児が生まれた。今日言う「メキシコ人」とは、この混血児のことである。しかもこれら混血児は、ただ両親の弱点だけを受け継いで、道徳的品性においては最も劣っている。これを「ピューリタン」のなかまが、人種の純潔《じゅんけつ》を保ちつつ、その気高《けだか》い理想を子孫に伝えているのに比べれば、あまりに違いすぎてお話にならない。

このように、アメリカ合衆国とメキシコは、国民の品位においてすでに大きなへだたりがある。したがってメキシコにおいて「憲政」の運用にいくらかでも成功しようと思うならば、はっきりと自覚して、国民の教養を高めるべく努力する必要がある。ところが建国以来、メキシコの先覚者たち（世の平凡な人びとよりも先に道理をさとって、世を導く人びと）は、この大きな責任を切実なものとして感じなかった。

アメリカの建国には、ジョージ・ワシントンのような高潔な人物がある。一方メキシコはどうか。イトゥルビデ[16]という、みずから「新大陸のナポレオン」と称し、野心と虚栄と欲望とを悪辣《あくらつ》な手段をもっておおい隠した、悪知恵のはたらく男によって、メキシコの建国は始まるのである。これが、メキシコが混乱につぐ混乱を重ねて、どんなふうにしても「まず近い将来において、憲政の運用に成功する見込みはない」と

16　イトゥルビデ（一七八三〜一八二四）　メキシコ皇帝（在位一八二二〜二三）。一八二一年、スペイン政府との間にコルドバ条約を結び、スペインからのメキシコ独立を達成。しかしその直後、君主制を樹立し皇帝となったため、一八二三年、反乱をまねいて国外追放。翌年再入国したとき、銃殺刑に処せられた。

される理由である。

メキシコと同じようなことは、もし今日の状態のままで進むとすれば、中国についても言えると思う。要するに「殷鑑《いんかん》遠《とお》からず」〔『詩経』〕、失敗の先例は遠くに求めなくとも、すぐ目の前にあるのだ。私たちはこれらの例をよく比較検討してみて、憲法にもとづく政治が成功するには、なによりもまず、「国民が教養を身につけること」がどれほど重要であるかを知らなくてはならない。

立憲政治が成功するための第一要件は、「国民が教養を身につけること」にあるのは、いま述べた通りだ。これは、各分野の知識人、判断力のすぐれた人びとが一緒になって努力することで、初めて目的を達することができるはずの問題である。だから各分野の知識人たちが共同で努力することは、きわめて重要で、しかも根本的な問題である。けれども、一人の政治評論家としての私が、特に述べようとするのは、そのことではない。

もちろん「国民の教養」は、私たちもまた国民の一人として、その一部分を分担し、みんなで一緒になって大いに力を尽くそうと思う。けれどもここで特に説こうとするのは、主として直接的に政治に係《かか》わる分野についてである。

というのはこういうことだ。すなわち国民文化の発達の程度がかなりの水準に達し、または実際に国民の教養を育成する事業が、多くの知識人によって熱心に行われているとしよう。だがそれだけではまだ足りない。その上で、さらに「憲政」が十分に満足のいく成功をおさめるためには、憲政にともなう諸制度にどのような改善を加える必要があり、また運用の任に当たる政治家はどのような心がけをもつべきであるか。以下の文章で、私が特に焦点をしぼって述べようとするのはこれである。

ただし、政治に係わる分野を詳しく説明するからといって、結果として「国民が教養を身につけるのが先決問題だ」ということの理由が見すごされてしまうのは、私の本意ではない。それで本論に入る前にながながと、なによりもまず「国民の教養が高い水準に達することが必要なのだ」ということを説いたわけである。

憲政とは何か

「憲政」すなわち立憲政治または憲法政治というのは、文字の示すとおり「憲法に基《もと》づいて行う政治」、「憲法をよりどころとして行う政治」という意味である。だから「憲政」という時には、必ずそこには「憲法」の存在が前提としてあるわけだ。このいわゆる「憲法」なるものが存在するか・しないかが、じつに立憲政治と他の政治とを分ける判断基準である。では、ここにいう「憲法」とは何か。この「憲法」というものの意味を明らかにしなければ、「憲政」の意味もまた明らかにならない。

「憲法」という言葉をたんに文字の意味から解釈すれば、「国家を一つにまとめあげ、国土と人民を支配するための根本のおきて」ということになる。しかし憲政という場合における「憲法」は、たんにこれだけの意味ではない。なぜなら、「国家を一つにまとめあげ、云々《うんぬん》」という意味における憲法は、いやしくも国家のあるところには必ず存在するものであって、古今東西によって異ならないからである。

すべての政治をあらかじめ定めた法律にしたがって行うという、いわゆる「法治《ほうち》国家」の考えは、比較的新しいものである。しかし「法治国家」という考えが誕生する前であっても、「国家を一つにまとめあげ、国土と人民を支配するための根本のおきて」は、たいていの国家においては、ふつう存在していた。だから「憲法」の意味を単純に文字どおりに解釈してしまうと、近代における特別の現象である「立憲政治」の意味を明らかにすることができない。

もちろん「憲法」といえば、必ず「国家の根本のおきて」でなければならないことは、当然である。ただ、近代の政治上の言葉として「憲法」という場合には、このほかに別の要素も加えなければならないのである。

詳しく言うと、「国家の根本のおきて」という性質をもつだけでなく、それに加えて何か特別の要件を備えるものを「憲法」と考えるべきなのだ。その意味での「憲法」をもつ国家を私たちは「立憲国」といい、またこの憲法によって行う政治を「立憲政治」というのである。私たちが立憲国といい、また立憲政治といって、ここに一種の特色を認める理由は何かといえば、すなわちその基準となる「憲法」そのものが、一種特別の要件をもっている点にある。

「立憲政治」における「憲法」の二要件

では、問おう。「私たちのいわゆる「憲法」とは、どんな要件を備える「国家の根本のおきて」のことなのか」。この問題に対し、私たちは次の二種類の要件こそが、憲法の特色であると答える。

第一に、一種の特別な要件をもつものとしての「憲法」は、一般の法律に比べて一段高い効力を付与されているのがならいである。憲法の効力がふつうの法律よりも強いとか、高いとかいうのは、「普通の立法手続きでは、憲法の変更は許されない」ということを意味する。一般の法律は、同じ一般の法律によって廃止・変更することができる。しかし「憲法」だけは、一般の法律によって改めたり廃止したりすることができないのである。

たとえば日本の制度では、普通の立法手続きは、まず、両院〔貴族院、衆議院〕において各々《おのおの》出席議員の過半数をもって議決し、次に、天皇の裁可《さいか》[1]を得て、完成する。ところが、憲法の改正や廃止については、特にその手続きを丁重《ていちょう》にし、両議院各々その総員の三分の二以上が出席して——普通の場合は、総議員の三分の一以上の出席で足りるが——、しかもその出席議員の三分の二以上の賛成多数を得るのでなければ、議決することができないと決められている。そのほか、憲法改正については、会議で討論・議決するための原案を提出できる権限は両院に与えていないとか、その他いろいろと特別の制限があるが、これと同じような特別の手段を規定している憲法は、ほかの諸国にもある。

もっとも、いわゆる「不文法」主義[2]の国では、もちろんこのような特例はない。「不文法」主義というのは、日本の憲法のように憲法の規定・条文、つまり国家を一つにまとめあげ国土と人民を支配する根本的な諸規定・条文の全部または大部分を、一個の法典にまとめていない場合をいう（早い話が、少なくとも文字で書きしるされた

1　裁可　明治憲法下で、天皇が、議会の同意・承諾した法律案および予算案を確定した意思表示。

2　ここに「不文法」主義と訳したことばは、吉野の原文では不成典主義である。その語釈は本文すぐあとで吉野が述べるとおりである。参考までに、今日いう「不文法」の説明は以下のようなものである。「文書によって制定されることなく成立した法や規律。慣習法や判例法がその例。不文律」（『広辞苑』第七版）。

「憲法」が存在しないのが、「不文法」主義の国である。よく知られているのは、すぐ後で出てくるイギリス」。

「不文法」主義で政治を行っている国では、憲法の規定・条文は、普通の法律や裁判の判決や政治的な慣行などの、雑然とした集合の中に存在しているから、もちろん普通の法律によって、これまでの憲法の原則を動かし、あるいは新たに重大な憲法の原則を決めることもできる。しかしこれは例外に属し、一般的な例ではない。いまの時代に「不文法」主義を採用している国は、文明国の中ではイギリスとハンガリーの二国だけであり、他の諸国はすべて「成典」主義（つまり、文章に書きしるされた憲法によって、政治を行う）をとっている。この「成典」主義をとっている国では、ほとんど例外なく、みな「憲法」に普通の法律よりも強い効力を与えている。

「憲法」――国家の最重要な「根本のおきて」

なぜ「憲法」の効力を、普通の法律よりも強いものにしているのか。

一つの理由は、憲法が国家において最も重要な「根本のおきて」だからである。国家の根本のおきて・原則は、きわめて大事なものだからこそ、これを普通の法律から区別するのがいい、――という考えは、じつは昔からあった。しかし近代の国家が特に「憲法」を重要だとする理由は、ほかにもある。

それはすなわち、せっかく憲法によって定めた権利の範囲を、あとから軽々《かるがる》しく踏みにじられないようにする、という考えによるものなのだ。近代の憲法は、結局のところ、いままで政権をひとりじめしていた、いわば特権階級というべきものに対して、「民権思想」の側からの強い要求の結果なのである。いいかえれば、「人民の権利を保護し、人民が政治に参加することをめざす考え」を尊重すべきであるという立場から闘《たたか》われた、長年の努力の結果が、すなわち近代の憲法なのだ。そのことに疑いの余地はない。

「憲法」発達、三つの道

もっとも見方によっては、「憲法」の発達には三通りのちがいがある、ということもできる。

一つは、英国のように一歩また一歩と長い闘いの結果として、だんだんと進化してきたもの。二つは、アメリカ合衆国のように、本国から加えられた制限から抜けだし、逃れて来た自由な民衆によって新たに創設されたもの。三つは、フランスをはじめとするヨーロッパ大陸のように、革命の直接または間接の結果として、急激に起こって発達したもの。

これら三つのうち、アメリカ合衆国の憲法は、自由な民衆がまったく新しい天地で初めて創設したもので、その時まで存在していた特権階級と争ってこれをつくったというのではない。これとは異なり、ほかの多くの国々の憲法は、——英国の憲法のようにだんだんと形を整えてきたものと、フランスの憲法のように急に、突然のようにつくられたものとの差はあるけれど——上流と下流の両階級の闘いの結果、生まれた憲法であるという共通の特色をもっている。

もっとあけすけに言ってしまえば、これらの国々における憲法は、いわば古くからの上流階級と、新しく力を得てきた下流階級との争いから生じた、妥協の成果であると見ることができる。その妥協は、当時、互いに争っていた両階級の力の強弱に応じて、事のなりゆきは、必ずしもどこでも同じというわけではない。

一方では古くからの上流階級の人たちが、今後さらに権利を縮《ちぢ》められてしまうのではないかと恐れる場合もあり、他方では新しく発展してきた下流階級の人たちが、せっかくこれまで権利の拡張を押し通してきたのに、いつの日にか、また自分たちの権力が制限されてしまうようなことはないかと心配する場合もある。自分が不利益をこうむる恐れ・心配が、――かりに上下の階級のどちらか一方にしかなくても――とにかくいま以上の不利益にはならないために、できる限り現状を変更することを難しくしておこう、という考えになった。しかしおおよそのところ、昔ながらの古い上流階級は、これまでのさまざまに特権のある状態を守ろうとする者であり、新しく勢力を得つつある階級は、それを攻撃する者であるというのが普通である。

したがって、この争いにおいて新しい階級は、新しく登場してきた勢いがあるにもかかわらず、昔からのさまざまな特権をもつ古い階級のような歴史的、社会的な利益に乏しい。いま以上の不利益にはならないために、という点では、古い階級の人間のほうが立場ははっきりしている。だからその結果、新しく登場してきた階級は、権利拡張をめざすこの争いで、はかばかしい勝利を得にくいものである。時勢のうしろだてに助けられて、やっと一歩前進しても、いつその権力や勢力の範囲を奪いかえされてしまうかもわからない。そこでこの新しい階級が一度手に入れたその権力や勢力の範囲を、安全に保護してやるもの、それがすなわち「憲法」である。

そこで憲法変更の手続きは、おのずから普通の法律よりも難しいものとして定められたのである。だから「憲法の効力は、普通の法律よりも強い」ということになった政治上の理由は、今日の言葉でいえば「民権の保護」にあるといえる。憲法がもつこの形式的な働き――憲法変更の手続きの難しさ――は、政治を行う上で、「民権の保護」つまり「特権をもたない下流の人びとの権利を守る」という意味で運用されなければならないものなのだ。

「憲法」――その三つの規定

第二には、「憲法」はその内容の主なものとして、以下の三種の規定を含むものでなければならない。

(イ)人民権利の保障

(ロ)三権分立主義

(ハ)民選議院[3]制度

たとえ「憲法」の名の下《もと》に、普通の法律よりも強い効力を与えられた「国家を一つにまとめあげ、国土と人民を支配するための根本のおきて」を作りあげたとしても、右の三つの事項の規定がなければ、今日それを「憲法」とは言わない。したがって、「憲政」というときには、私たちはすぐに「人民の権利」とか「独立の裁判権」とか「民選議院」とかいうようなことを連想するのである。つまりこれらの手段によって、私たちの権利・自由が保障される政治を「立憲政治」というのである。いまこれを一つ一つ簡単に説明することにしよう。

（イ）人民権利の保障

日本の憲法（大日本帝国憲法）では、特に第二章に「臣民《しんみん》の権利義務」と題して一

3　民選議院　国民によって直接に選挙された議員で構成し、政治を議する議院を、一般に民選議院という。むろん世界に普遍的な議院であって、日本に固有の議院ではない。ただ、日本の歴史上での「民選議院」といえば次のような事実に発するものをいう。すなわち、吉野が後に本文で述べているように、一八七四年（明治七）に板垣退助《いたがきたいすけ》・副島種臣《そえじまたねおみ》らが「民撰議院設立建白書」を提出し、自由民権運動発展の契機をなした。なお、民選議院はふつう「下院」「衆議院」といった名称をもつ。日本では今日でも存在するとおり「衆議院」と呼ばれている。

五カ条の規定が集められている。題目《だいもく》が示すとおり、その中には義務の規定も含まれているが、大部分は「居住移転の自由」とか、「信仰の自由」とか、「言論、著作、印刷刊行および集会、結社の自由」とか、「所有権」とか、「信書の秘密を侵《おか》されない権利」とか、すべて国民の物質的ならびに精神的な幸福と進歩をめざすのに欠かせない権利・自由を列挙している。

これらの諸権利について、政府が自分勝手にこれらを制限しない、もし制限しようとすれば必ず法律という形によってこれを定める、ということをはっきりと規定している。このような種類の規定、すなわち右に列挙するような重大な権利・自由は、政府が議会に相談せずに勝手に決めることはしない、必ず法律で定《き》める、――といった規定は、世界各国の憲法において最も重要な部分として、広く普遍的に掲《かか》げられているものだ。

「法律で定める」というのは、すなわち議会が係《かか》わるということである。議会が係わるというのは、とりもなおさず、議会に代表者を送る人民が、間接的にこの重要な国民の権利・自由の問題を議論することができ、国会での決定に対して口を出すことができる、ということである。したがって、人民は間接的ながらも、自分の権利・自由をみずから保護することができるという理屈になる。こういう目的・考えから、「法律で定める」というような種類の規定は、今日各国の「憲法」に普遍的な特徴となっているのだろう。

もっとも、特別な歴史的理由によって右のような規定を欠くもの、たとえばフランスの憲法のようなものもあるけれど、おおよそのところ、この種の規定は「近代の憲法」に欠くことのできないものとなっている。

ちなみに言えば、フランスでは一八七〇年第二帝政廃止の後、王政にもどすべきか、共和制を採《と》るべきかの、憲法にかかわる問題で議論が非常に長びいた。そのため憲法制定にも五カ年という長い年月を要した。そこで議論のゴタゴタと入り乱れた部分はそのままにして、さしあたり欠くことのできない重要な原則だけを、三つの法律に収めることによって、憲法の外見的な形をつくっている。

一つは、「公権の組織にかんする基本法」と称し、立法権・行政権の分解およびその運用の根本的な事柄《ことがら》を定め、二つは、「元老院《げんろういん》の組織にかんする基本法」と題して、主として元老院のことが定めてあり、三つは、「各種の公権の関係にかんする基本法」と題して、上下両院および大統領の相互間の関係が定められている。

この三つの法律はすべて集まっても、いわゆる「憲法」としての完全な体裁《ていさい》は備えていない。しかしフランスは、憲法制定においてはけっして新しい国ではない。いや、それどころかヨーロッパにおいて成文憲法を初めて設けたのはフランスである（一七九一年五月二一日）。しかもこの第一憲法に先《さき》だって、すでに有名な「人権宣言」が発布されてさえいる国である（一七八九年八月二六日）。その後、憲法を変えることおよそ一一回。だから、およそ憲法はどんな内容をもつべきかということは、フランス人にははっきりと理解されている。それゆえに、形式においては整っていない憲法であったとしても、フランス人はそれを場合に応じてうまく運用するだけの経験を、だいたいは積んでいたのである。

（ロ）三権分立主義

三権分立に対する考えは、理論的に定義すると、なかなか面倒《めんどう》な問題になるけれど、おおよそのところをいえば、「立法」と「行政」と「司法」の三つの作用は、別々の機関において行うということである。昔の、たとえば封建時代のように、法をつくるもの〔立法〕も、その法を実際に行うもの〔行政〕も、またはその法を個々の場合に当てはめて裁判するもの（司法）も、みな同一の人であってはいけない、というのである。

しかし「行政」は政府が担当し、「立法」は議会がその任務を引きうけ、「司法」は裁判所が取り扱うということは、今日ではほとんど問題にならないほど、当たり前の考え方として認められていて、いまさらこんなことを「立憲国」の特色だなどと取りあげて強調するのは、むしろ野暮《やぼ》くさい感じがする。そこで今日、「憲法」の特色として注目されるのは、「裁判権の独立」という点である。なぜなら、行政は政府に属し、立法は議会に属すのはきわめて明らかであり、それぞれが各々《おのおの》独立し、互いに向きあって立つ力をもっているけれど、ひとり司法権の独立だけは、そうではないからだ。司法権の独立は、どうかすると、しばしば行政権——つまり政府のもつ権力——の直接の圧迫を受けて、「三権分立」の考え方・目的が、ないがしろにされる恐れがあるからだ。

たしかに司法機関は、立法機関と異なり、政府（行政機関）に対立して向きあう、という関係に立たない。裁判官は一面では官吏《かんり》、つまりは政府の仕事をする役人であって、その意味では政府の側に属する。したがって、ともすると政府の考えに左右される心配がある。これでは「三権分立」の考え方・目的が十分に貫かれない。

そこで近代の憲法は、裁判機関を、ひたすら上級官庁から出される命令によって動くだけのふつうの行政機関とはまったく別種の機関としようと努めている。いいかえれば、裁判機関自身に独立の判断をさせるようにし、また裁判官の地位を保障して、行政官に対する司法権の独立を完全に保てるように、手抜かりのないしっかりした用意がしてある。これもまた、今日の立憲国の一特色としてあげられる点である。

ついでに言えば、三権分立の考え方・目的が「司法権の独立」という点に最もよく表れていることは、すべての国々に共通して同じである。ただ今日では、政府が担当する「行政機関」と議会が担当する「立法機関」の関係については、国によってかなり様子がちがっている。行政機関〔政府〕と立法機関〔議会〕が互いに独立し、向きあって立つべき緊張した関係であるのは言うまでもない。しかし、だからと言って、この二者の関係が何のかかわり合うところもなくただバラバラに独立しているのでは、立憲政治が十分に満足いくように運用される、ということは期待できない。

そこで立法機関である「議会」に対する、行政機関である「政府」の責任という問題が起こる。そしてこの問題は、議会の反対にあえば、政府はいつも必ず辞職するという慣例ができている国では、やがて「政党内閣」[4]の慣行を生じる。そういう慣行がない国でも、行政機関つまり「政府」の不正や罪をあばき責任を追及するといった、つまり「弾劾《だんがい》制度」[5]を生みだすようになる。――というわけで、立法機関（議会）の意思によって、結局は行政機関（政府）の行動の自由は制限されている。このように「立法権」と「行政権」の関係における問題は、解決されている。これは後にくわしく述べる。

ところが、アメリカ合衆国の憲法、およびそれを手本として作られた中南米諸国の憲法は、「三権分立」の考え方を極端に主張して、三つの機関――「立法」「行政」「司法」の各機関――は互いにまったく関係するところなく、対立している。合衆国

4 「政党内閣」 立憲政体のもとで、主に首相（内閣総理大臣）が政党の首班で、閣僚《かくりょう》（内閣を組織する各国務大臣）の全部または大多数を政党員で組織し、かつ指導勢力が政党にある内閣。たとえば二〇一九年現在、自民党を中心に構成されている安倍晋三内閣を例にとると、安倍氏が自民党の党首でもあり、閣僚の大多数は自民党員で組織されるということである。

5 「弾劾制度」 公務員の罷免《ひめん》（職務を辞めさせること）手続きの一つ。248頁以下も参照されたい。

では、政府と議会が極端に分離しているのだ。その結果、政府の役人はまったく議員を兼ねることができず、いや、彼らは大統領が教書[6]によって行うほかには、議会に出て自分の意見を述べることすら許されていない。このため非常に不便をこうむっていることは、人の知るところである。

しかしそれは、ひとり政府と議会の関係だけではない。裁判所もまた、政府と議会に対してまったく独立している。だから議会が正式な手続きをふんで作った法律でも、高等法院[7]がそれを憲法違反と宣言すれば、一方では完全な法律として効力をもっていながら、また一方では裁判所がこれを無効の法律としてその適用を拒むという、おかしな事態にもなる。これもまた、人の知るところだ。

いずれにしても、アメリカ合衆国はあまりにも極端すぎて、国の政治がうまい具合に進行することを妨《さまた》げているけれど、しかし「三権分立」の趣意を徹底的に貫こうとすれば、じつはここまで行かなければならないのである。しかし、これほどまでに厳格な意味でこそ「三権分立」であると言うのなら、それはもはや近代憲法の特色ではない。近代憲法の特色とは、主に「司法権の独立」をめざすことである。だから全体としての三権分立は、およそこのようなもの、という程度の考えで止《とど》めておくべきである。

(八) 民選議院制度

「民選議院」[8]制度が近代憲法上の特色として認められるようになった理由は、ある意味では「三権分立」主義をとった結果である。すなわち三権分立主義は、「立法権」を行使するのは政府でもなければ、裁判所でもない、それ以外の特別の機関に委《ゆだ》ねるべきだと主張するからである。しかしここで特に「民選議院」制度を憲法の特色とする理由は、たんに立法権を行使するために政府や裁判所とはまったく独立の機関としてこの制度が設けられた、という点ではない。そうではなくて、むしろこの立法権の

---

6 教書(message) アメリカ合衆国で、大統領(また州知事)から連邦議会(同、州議会)に発する政治上の意見書。口頭で述べることもある。

7 高等法院 ふつう、中世に起源をもち、フランス革命で廃止された、フランス王国の最高司法機関のことをいう。ただし、ここで吉野はアメリカ合衆国のことを述べているので、ここに言う「高等法院」とは、もちろんアメリカ合衆国最高裁判所のことを指すのであろう。

8 「民選議院」 43頁の注3を参照。

行使が「人民の選挙によって選ばれた議員の団体」、つまり「議会・議院」に任されているという点にこそある。

私たちは、「人民の選挙によって選ばれた議員がつくる議会・議院」という点を、近代の「憲法」の、一種特別な要件、特色としてあげるのである。しかもそれは私だけではない。じつは一般の人びとも、「民選議院」という点を、他のすべての点に優《まさ》って「憲法」の最も主要な特色として認めているようである。いや、ともすれば「民選議院」制度こそ、憲法の唯一の特色であるとさえ考える人も少なくない。それほどにこれが「憲法」にとって大事な特色なのである。

というわけで、歴史上の事実から言っても、憲法制定の要求、または憲法に基づく政治を行うべしという要求は、しばしば「我《われ》に民選議院を与えよ」という叫びによって主張されていた。

現に、わが国においても、憲法制定を要求する第一声である、明治七年〔一八七四〕一月一八日の建議《けんぎ》〔意見の申し立て〕は、板垣退助《いたがきたいすけ》[9]、後藤象二郎《ごとうしょうじろう》[10]、副島種臣《そえじまたねおみ》[11]、江藤新平《えとうしんぺい》[12]、小室信夫《こむろしのぶ》[13]、古沢迂郎《ふるさわうろう》〔滋《しげる》〕[14]、由利公正《ゆりきみまさ》[15]、岡本健三郎《おかもとけんざぶろう》[16]の八氏の署名をもって、「民撰議院設立建白書《みんせんぎいんせつりつけんぱくしょ》」という形で提出された。また、明治一三年〔一八八〇〕

9 板垣退助（一八三七〜一九一九）政治家。土佐藩士。討幕運動・戊辰《ぼしん》戦争に参加、参議となるも、征韓論《せいかんろん》政変で下野《げや》する。一八七四年民撰議院の設立を建議、自由民権運動の指導者となる。一八八一年自由党を創設。帝国議会開設後、自由党総理。一八九八年、大隈重信とともに組閣、内相。政友会創立を機に引退。

10 後藤象二郎（一八三八〜一八九七）政治家。土佐藩士。大政奉還運動を起こし、明治維新後、参議。征韓論政変で下野。自由党に参加。大同団結を提唱。のち逓《てい》相・農商務相。

11 副島種臣（一八二八〜一九〇五）政治家。佐賀藩士。幕末、志士として活動。維新後参議となる。征韓論を主張して下野。のち枢密顧問官《すうみつこもんかん》・内相など。漢詩・書をよくした。

12 江藤新平（一八三四〜一八七四）政治家。佐賀藩士。幕末、志士として活動。維新政府の司法卿《きょう》となる。のち、参議。征韓論政変で、下野。板垣退助らと民撰議院設立を建白した直後、佐賀の乱を起こし、処刑された。

13 小室信夫（一八三九〜一八九八）政治家、実業家。尊王攘夷運動に奔走、維新後、欧米を視察し、イギリス立憲政治を学ぶ。のち実業界に転身。

14 古沢迂郎（古沢滋）（一八四七〜一九一一）政治家。土佐藩士。討幕運動に参加。維新後、政府よりイギリス留学を命ぜられ、議会政治に感銘を受けて一八七三年、小室信夫とともに帰国。

15 由利公正（一八二九〜一九〇九）財政家、政治家。福井藩士。藩主松平慶永《まつだいらよしなが》をたすけて藩政を刷新。明治維新の際、参与となり財政をつかさどる。五箇条の誓文の起草に参画。

16 岡本健三郎（一八四二〜一八八五）自由民権論者、実業家。

四月一七日、片岡健吉《かたおかけんきち》17、河野広中《こうのひろなか》18両氏の連名で、太政官《だじょうかん》19にとりついでもらい天皇に申し上げることを願い出たが退けられた第二の建議も、「国会開設願望書」というのであった。

これはたしかに当時の人びとが「民選議院」の制度こそが、立憲政治のすべて、または少なくともその大部分だと考えていたためだろう。このような考えはむろん西洋にもあった。そしてこのような誤解の生じたのも、つまるところ、この制度が立憲政治の数ある特色のうち、ほかのものとは比べものにならないほど圧倒的に、最重要なものだったからである。

では、なぜ「民選議院」が最も重要なのかというと、この機関だけが、人民が直接に係わることのできる組織だからである。ほかの機関は、政府にしても、裁判所にしても、それを組織するのは、政府が任命する専門の官吏《かんり》である。これら官吏の任命にかんして、人民はほとんど何ら直接に意見をぶつける可能性をもたない。

ところが議会はそれとはまったく異なり、議会を組織する議員は人民が直接に選挙するわけである。だから人民は自由に議会を左右し、またそうすることで議会に十分、民意を発表させ、表現させることができるわけである。

もし「立憲政治」というものが——後にもくわしく説くように——人民の幸福・利益とは何かを、人民みずからに主張させるための政治であり、そのために作られた政治制度であるとすれば、「民選議院」のようなものこそ、最もよくその本来の目的にかなうものと言わなければならない。こういう理由からしても、この「民選議院」制度は、近代の憲法になくてはならないものとして、尊重されている。だからこの制度を欠く時には、他の制度がどんなに完備した規定をもうけていても、近代的な意味での「憲法」とは言えない。

さて以上によって、「近代の憲法」にとって欠くことのできない要件をもれなくあげてみた。右のような要件を備《そな》えていれば、「憲法」が存在するといえるのである。

17 片岡健吉（一八四三～一九〇三） 政治家。土佐藩士。立志社を創設し、民撰議院設立建白に加わるなど自由民権運動の指導者。自由党・立憲政友会に参加。衆議院議長。
18 河野広中（一八四九～一九二三） 政治家。三春（福島県）出身。東北の自由民権派の中心人物となり、福島事件で投獄。のち衆議院議長・農商務相。晩年「普通選挙運動」にも尽力した。
19 太政官 一八六八年（慶応四）政体書——五箇条の誓文に基づき、明治政府の政治組織を定めた布告書——により設置された最高官庁。翌年官制改革により民部省《みんぶしょう》以下六省を管轄《かんかつ》。今日の内閣に当たる。一八八五年、内閣制度の設置と同時に廃止。

このような憲法をもち、このような憲法を「政治が従わなければならない規則」とするものを、私たちは「立憲政治」というのである。

憲政をすみずみまで徹底させて、立派な成果をあげるとは、どういうことか

以上、わたしは「近代の憲法」なるものの意味と重要性を説明し、「近代の憲法」に基づいて行う政治が「立憲政治」であることを明らかにした。だが、さらに考えなければならないのは、「憲法に基づく」とは一体どういう意味なのか、である。

そもそも憲法に基づくということは、先にも述べたように、ただ「憲法」という法典を制定し、それに基づいてさまざまな政治機関を組織するというだけではない。すなわち議会をつくったり、裁判所を設けたりという、憲法の中に定められているそれぞれの組織を、たんに形式的に充《み》たすだけでは十分でない。

もちろん憲法は、長く後世まで残る重大な法典、つまり不磨《ふま》の大典《たいてん》である。その条文はみだりに変更することを許されない。またその内容を勝手にねじ曲げて解釈してもいけない。憲法が規定する条文には、最も忠実に従わなければならないことは、も

ちろんだ。しかし、ただその「条文に形式的に忠実であろうとすること」だけが、「憲政の目的であり、それがすべてだ」と思うならば、これは大きな誤りだ。

ところが憲法創設の当時は、多くの人がみんなこのように誤解していた。「憲法」という法典さえ発布《はっぷ》されれば、私たちはもうそれだけで、すぐにも黄金世界に入ることができる。議会さえ開かれれば、私たちはもう一躍して十二分の幸福を享《う》けることができると考えた。

憲法の発布、国会の開設というそのこと自体に、不当で過大な期待をかけたのである。それはわが国ばかりでなく、西洋でも同様であった。つまり「東西その軌《き》を一《いっ》にして」いたのである。ある西洋の国での話だが、いよいよ憲法が発布になったというので、それを人民に知らせる新聞の号外には、翌日《あした》からパンの値段が半分に下がるとか、牛乳がタダで飲めるとか書いてあったそうだ。つまり、生活を非常に楽にする一種の天からめぐまれた福音、よろこばしい知らせとして憲法を迎えたのであった。

これと同じような話が、明治二二、三年〔一八八九、九〇〕頃のわが国にもあったことは、人の知るところだ。しかし、たんなる憲法の発布、たんなる議会の開設が、ただそれだけですぐさま人民の権利・自由を完全に保障し、私たちの生活を十二分に幸福にすることができる、などというものではない。「制度」そのものは、それだけでは決して私たちに実質的な利益を提供しないのだ。それはもちろん明らかなことである。その後の経験は、やはりこの考えが間違いでなかったことを私たちにはっきりと示した。

けれども最初、人びとは制度そのものに多大の期待をかけたので、期待がかなえられず空《むな》しく終わったのをみて、大いに失望した。なにしろ期待が大きかっただけに、落胆もまた大きかった。西洋では、失望が怨《うら》みと呪《のろ》いに変わり、呪いがこんどは激しい怒《いか》りに変わって、そのため第二の革命を起こしたような例もある。

要するに、憲法が施行された後のあれこれの経験は、「憲法」が大きな幸福をもたらしてくれるはずだという、当初の信念が正しくなかったことを私たちに教えた。こうして私たちは、憲法施行後の経験によって、「制度」の確立そのものは、たんにそれだけではまだ十分に人民の権利・自由を保障せず、幸福を増進するものでないことをさとった。少なくともいままでの「制度」はけっして満足な結果をもたらさない、――ということをつくづくと感ずるに至ったのである。

憲法制定・議会開設に対する不満二つ

憲法の制定・議会の開設は私たちの期待にそむき、私たちを失望させた。そのことから来る私たちの満たされぬ思いは、細かくみると二種類がある。

第一は、「これまでの憲法制度は、本来、私たちの権利を保障し、私たちに幸福をもたらすものではない。だから憲法によって、自由・幸福を勝ちとることができる、と考えたのがそもそもの誤りだ」という説である。すなわち憲法制度の効用をまったく否定し認めない説である。私はこれを名づけて「絶対的悲観説」と言おう。

もっとも、このように極端な説は、欧米においてもいわゆる「知識人」という階級からは、あまり唱《とな》えられていないようだ。ただ不幸にしてわが国では今日なお、この種の説を信じきっている人たちを少なからず見かけるけれど、この説が間違いなのは深く論ずる必要はないだろう。かりにこの説に多少の真理があったとしても、いまさら憲法をやめて昔の専制政治にもどるということは事実不可能だ。だから、私たちはもはや憲法政治を廃止することはできないという前提に立って、国家の繁栄と人民の幸福のために、あたふたせずに最善の努力をすべきではないか。

第二は、「現在の憲法制度は――必ずしも第一説のように――その本来の目的を達するには適さない制度だ、とみるのではない。ただその制度に欠点があり、またその運用方法に適当でないところがあるために、憲法が制定される前に期待していたような好結果が出ないのだ」と考える説である。第一の説が「絶対的」であるのに対して、この第二の説は「相対的悲観説」と名づけたい。

もちろん、この説も一種の悲観説ではあるけれど、現在の制度にいくつかの改善を加え、かつその運用を適切に教え導くならば、自由の保障、幸福の増進という、政治のめざすべき本来の理想を実現することは、必ずしも不可能ではないと信じているのがこの説だ。したがってこの説は、一面ではまた一種の楽観説であるともいえる。

この第二説は、今日多くの人びとによって唱えられている。そして私のいう「憲政の立派な成果をあげる」という論は、じつにこの第二説を根拠として組み立てられているのである。なぜならば、この説は多少の努力をすれば、という条件のもとに、最終的には成功することを信ずる立場だからである。

「憲政」とは、憲法の条文とその精神によって行う政治

「憲政」は憲法の制定によって始まる。けれども憲政がその目的を完全に達成するに

は、ほんとうに国民の多くの努力と奮闘《ふんとう》が必要であることは、前に述べたとおりだ。一挙《いっきょ》に憲政の立派な成果をあげる、ということができないところに、言わば憲政の有《あり》難味《がたみ》があるともいえるのだろう。

要するに、私たちは立憲政治の行われている国の国民として、憲政が立派な成果をあげるように、なお一層努力しなくてはならない。しかしその努力は、ただやみくもに行えばいいというものではない。一定の主義・方針に基づく奮闘努力でなければいけない。では、その一定の主義・方針とは何か。

それはもちろん、そもそも憲法が制定されるに至ったその根本の考え・理由、憲法の奥の奥にひそんでいる根本の精神でなければならない。この根本の精神にしたがって、私たちは制度の欠点を改善し、かつその運用を適切に教え導くことに全力を注がなければならない。一言でいえば、「立憲政治」は、憲法の条文によって行う政治であると共に、またその精神によって行う政治でなければならない、ということだ。私たちは憲政の運用にあたって、憲法がくわしく定めている規定にそむいてはいけないが、さらに進んでその規定の裏面にひそむ精神に合っているか、も深く考えてみなければならない。

憲法の条項・条文は、法律学者にとっては、たしかに唯一の大事なよりどころであろう。しかし、憲法に基づく政治の成果そのものを大事なものとする私たち国民にとっては、条項・条文よりも、むしろその憲法の精神が大事なのである。もちろん「条項・条文を離れて精神はない」ともいえる。しかし条項・条文の活用もまた、その精神をよく推《お》しはからなければ、けっして正しい運用はできない。これは相当に完備した憲法をもっている今日の欧米各国においてもいえることだ。憲法条文の運用が良かったか悪かったかをめぐって、絶えず問題が起こる理由はそれだ。

憲法がまだ制定される前の昔は、「憲法を与えよ」と言って、天下の人びとは争った。憲法がすでに与えられた今日は、「憲法の精神にしたがってそれを運用せよ」と言って、天下の人びとは依然《いぜん》としてやかましく議論している。憲政の前途もまた多事多難と言わなければならない。

「憲法」の精神とは何か

では、憲法の精神とは何か。これは一口にこうだと論ずることができない。国によって必ずしも同じでないからだ。詳細は、個々の憲法についてその条項・条文をくわしく研究し、またその制定の歴史的な経過も明らかにして、はじめてわかる問題である。

とはいうものの、あらゆる憲法に共通する「立憲政治」の根拠となる精神は、おおよそは知ることができないわけでもない。たしかに近代の憲法政治は、疑いもなく「近代の精神的文明」という時勢の動きと切り離せない関係にある。近代文明の大きな潮流《ちょうりゅう》が勢いよく各国に広がり、はびこって、その近代文明なるものの雰囲気がかもし出され、ついに憲法政治が現れでたのである。だから近代諸国の立憲政治には、共通した一つの精神的根底があることは否定できない。

もっとも、旧時代の遺物《いぶつ》である特権階級が、今日なお勢力をふるう国では、事情がちがう。すなわち、世界の大きな動き・勢いにうながされて憲法を発布したにもかかわらず、政治についてのいままでと変わらない旧式な考えのままに、憲法を運用しようと望むものも少なくない。また自国の憲法の精神が、他国の憲法となんの共通した基礎ももたず、むしろ自国に特有のすぐれた内容をもっている、という考えを誇示し強調するものも少なくない。

わが国においてしばしば見るような、純然とした国民道徳の基本観念である「国体観念」[1]を憲法学に引きつけて、西洋流の立憲思想による憲法解釈を拒《こば》もうとする風《ふう》潮《ちょう》などは、まさしくこれである。ロシアなどもこれと同様で、ことさらに西欧の憲法に共通する諸原則の適用を拒もうとして、わざわざ共通の呼称《こしょう》を捨てて、古風な文字を憲法条文中に使っている。

このように、人によっては自国の憲法が世界各国の立憲政治に共通する考え方・精神的な根底の上に築かれた、という性質を承認しないものがある。しかし、いくらかでも近代文明史を理解している人は、どこの国の憲法でも、一つの例外もなく近代文明から必然的に生みだされたものだということを認めざるを得ない。これもまたはっきりと、史実が私たちに示していることだ。

1　「国体観念」「国体」の語は、政治学・法律学上でその概念を使用する場合には、主権の帰属いかんによって国家を区別する際に用いられ、ふつう「君主国体」と「共和国体」に区別される。ところが日本では特殊に、「万世一系《ばんせいいっけい》」の天皇によって統治される優秀な国柄《くにがら》を表す概念として用いられ、一つは永久不滅の天皇主権を指す場合、二つは「君臣」の特別の情誼《じょうぎ》関係を指す場合、三つは国風文化全般を指す場合など、きわめて多義的な内容の概念として使用された。吉野作造がここで批判する憲法学説をとる代表的な憲法学者は穂積八束《ほづみやつか》や上杉慎吉《うえすぎしんきち》である。

もちろんそれぞれの国の憲法は、一面では共通の精神を基礎としているが、他面ではそれぞれの国特有の色彩、なんらかの傾向を帯びてもいる。その各国に特有の色彩・傾向については、一般化することが難しい。しかしどこの国の憲法にも共通する考え方・精神的な根底については、それがどういうものであるかを、最近の世界の文明史上から推測し判断して、知ることができる。

これは近代の憲法を理解し、その運用を正しく行っていく上で、きわめて必要な予備知識である。「憲政の根本的な考え方・大切な精神をすみずみまで徹底させて、立派な成果をあげるための方法」は、じつにこの「憲法」における「共通の精神」を理解することから始まらなければならない。そして私はこの各国憲法に共通する考え方・精神的な根底こそが、「民本主義」であると考えるのである。

憲政の精神的な根底——民本主義

「民本主義」という文字は、日本語としてはきわめて新しい用例である。これまではふつう「民主主義」ということばで呼ばれていたようだ。時にはまた、「民衆主義」とか、「平民主義」[1]とか呼ばれたこともある。しかし「民主主義」といえば、社会民主党[2]などという場合のように、「国家の主権は人民にある」という危険な学説と混同されやすい。また「平民主義」といえば、平民と貴族とを対立させ、貴族を敵にして平民に味方する意味だと誤解される恐れがある。ひとり「民衆主義」の文字だけは、以上のような欠点はないけれど、しかしこれだと民衆を「重んずる」という意味がはっきりと出ないおそれがある。

私たちが考える、これが「憲政の根底」だとするものは、政治を行う上でふつうの民衆を重んじ、人びとの間に身分の高い人と低い人との区別をせず、しかも国体[3]が君主制であろうと共和制であろうと、それには関係なく、広く通用する考えのことである。それゆえに、「民本主義」という比較的新しい用語がいちばん適当ではないかと思う。

「民本主義」という言葉の由来

「民本主義」という言葉は、じつは西洋語の翻訳である。この観念が初めて生まれたのが西洋なので、私たちは観念そのものと共に、名称も西洋から借りてきたわけである。西洋ではこの観念を「デモクラシー」という文字で表している。「民本主義」は、すなわち、この語の翻訳である。西洋で「デモクラシー」という言葉は、聞くところによれば、ギリシア語から起こっているそうだ。ギリシア語で「デーモス」というのが人民で、「クラテオ」というのが支配の意味。この二つから成ったのであるから、「デモクラシー」とは、要するに「人民の政治」の意味である。

いまさら改まって説くまでもないが、古代ギリシアの国家は、今日欧米諸国にみるような莫大《ばくだい》な地域に広がっているものではなかった。周囲に多少の属領地をもつささやかな都会そのものが、すなわち独立の国家だった。したがって、都会の市民がおおよそ国民の全部だった。このように地域も狭く、人数もそれほど多くないから、これらの市民はすべて直接に市政すなわち国政に参与することができたのである。

当時、ギリシア以外のほかの多くの国家においては、一人または数人のすぐれた人物が、君主または貴族の名において国家を支配し、人民はただ彼らの言うとおりに従うだけだった。ただギリシアの諸国家だけは、人民みずから政治を行うという特色をもっていた。この特色ある政体を名づけるために「デモクラシー」という言葉が生まれたのである。もっとも、近代の国家と古代ギリシアの国家とでは、今日いろいろの点で非常に異なっているから、古代の国家に通用する観念をそのまま今日の国家に当てはめることはできない。けれども「人民一般を、政治において中心となって行動す

1　「平民主義」「平民」とは一八六九年（明治二）に設定された族称の一つ。士・農・工・商の士を除くものを呼び、華族・士族の下位。「平民主義」は最初、徳富《とくとみ》蘇峰《そほう》が「欧化《おうか》主義」「国粋《こくすい》主義」に反対して唱えた。

2　社会民主党　日本最初の社会主義政党。一九〇一年（明治三四）、片山潜《かたやません》・安部磯雄《あべいそお》・幸徳《こうとく》秋水《しゅうすい》らによって創立、同年五月一八日に結成、同二〇日宣言書を発表し、同日禁止された。

3　国体　ここでは一般的な意味。すなわち、国家の政治のあり方を最終的に決める権利つまり「主権」が、だれにあるか（国民か、貴族か、国王かなど）によって区別される国家体制のこと。

る者とする」という点だけは、昔のギリシアも今日の欧米諸国も同じである。そこで私たちは、今日の国家の政治上の特色を表現するのに、その昔ギリシアに生まれた文字をそのまま借りて使うのである。

「デモクラシー」――その二つの意味

ところがヨーロッパ語の「デモクラシー」という言葉は、今日じつにいろいろと異なった意味に用いられている。私たちのいわゆる「民本主義」は、もちろんこの言葉の訳語だが、この原語「デモクラシー」をいつでも「民本主義」と訳すのは、原語の意味を正しく伝えているとはいえない。

「デモクラシー」という言葉は、「民本主義」という言葉のほかにも別の意味に用いられることがある。私たちの考えによれば、この言葉は今日の政治、法律などの学問の上では、少なくとも二つの異なった意味に用いられているように思う。

一つは「国家の主権〔国家の政治のあり方を最終的に決める権利〕は、法の原理からいって、人民にある」という意味に用いられる。二つは「国家は誰のために主権を行使するのか。政治の観点からいって、それは人民のために、でなければならない」という意味に用いられる。この第二の意味に用いられる時、私たちはこれを「民本主義」と訳すのである。第一の意味は、まったく別の考えだから、訳語もまた、まったく別のものを当てはめるのが適切だ。そしてこれまで一般に使われていた「民主主義」という訳語は、この第一の意味を表すのにピッタリだと考える。

これまでのわが国では、――ちょうど西洋において、右のような二つの意味の区別をせずに、ただ単に「デモクラシー」と表現してきたのと同様に――第一の意味なのか、第二の意味なのか、その意味内容を区別せずに、同じようにそれを「民主主義」と訳したのであった。このように一つの呼び方で表現するのでは、明らかに異なった二つの観念を混同してしまうという害がある。それだけでなく、「民主」という名称のために、「民本主義」の本当の意味がおおい隠されてしまう恐れもある。

だから私は、同じ「デモクラシー」というヨーロッパ語で表されるものでも、その意味するものの違いによって、あるいは「民主主義」、あるいは「民本主義」と、それぞれの場合に応じて適当な訳語を使いたいと思うのだ。「民本主義」と「民主主義」とは、明らかに別の観念だが、西洋で同一の言葉によって表現されたことを考えれば、この二つの観念の関係は、またきわめて近いものでもあるわけだ。したがって「民本主義」とは何かを理解するには、「民主主義」とは何かを、おおよそのところ、明らかにすることが必要でもあり、便利でもある。まして、わが国においては、「民主」の名に早合点《はやがてん》し誤解して、「民本主義」の適切な理解をもたない者が少なくない。そのため民本主義の発達がいくらか邪魔《じゃま》されがちになっているのは否定できない。

だからこそ、国民に民本主義の正しい理解をもってもらい、その理解をふまえて憲政の発達のために尽力してもらう、という点からみても、「民主主義」「民本主義」、この二者の区別を明らかにすることは、きわめて必要なことであると、私は信じる。

民本主義と民主主義のちがい

民主主義とは、文字の示すように「国家の主権は人民にある」とする理論上の主張である。それゆえこの考えは、わが国のような天下[1]を統治する天皇を国権の総攬者《そうらんしゃ》〔つまり国家の政事・人心などを一手ににぎる者〕として、政治の頂点に置く国家においては、まったく通用しない考えである。しかしこう言うからといって、ごく単純に「民主主義をうんぬんすること自体が、そのますぐに君主制の国家においては危険である、退《しりぞ》けなくてはいけない主張である」ということもできない。なぜなら、民主主義にも細かく見れば二種類あって、その一方はなるほど国体護持《ごじ》[2]の立場から、退けなくてはならないものもあるけれど、他方は必ずしも危険視する必要のないものだからである。

では「民主主義」の二つの種類とは何か。

第一に民主主義は、およそ国家という団体にあっては、その主権の持ち主は本来、当然のこととして、人民すべてであると唱《とな》えられることがある。これを私は「絶対的」または「哲学的」民主主義と名づけたい。これは抽象的に国家の本質を考えて、その権力はだれが持っているのかといえば、理論上からみて、必ず人民でなければならないと説く。

したがって、この立場からすれば、「共和国」[3]が唯一の正当な国家であって、「君主国」[4]などは不合理な偽《いつわ》りの国家である。だから「君主は人民から不当に権力を奪ったのだ」という結論に達せざるを得ない。このような意味で唱えられる民主主義こそは、わが国などで受けいれることのできない危険思想[5]である。

もっともこの考えは、フランス大革命の前後の一時期に盛んに唱えられ、革命の原因はたしかにこの説から来ているのである。とはいえ今日ではもはや、この説の理論上の欠点はすでに十分認識され、君主政体の国ではもちろん、民主政体の国でも、この説をそのまま信奉《しんぽう》するものはきわめて少なくなった。

まぁせいぜい一部の極端な社会主義者[6]の間にだけ、今日でもなお、「君主は人民から不当に権力を奪ったのだ」という考えがある程度残っているくらいのものである。

社会主義そのものは本来、いますでに存在しているこの社会組織の維持には反対するけれど、国家を支配し政治を行う権力をにぎる者を、上流階級の人間から下流階級の人間に変えよう、とまでは主張するものではない。ただ、現在の社会組織を維持しようとするものにとっては、一般に国家を支配し政治を行う権力をにぎる者によって自

1　わが国のような　天下を　ここは原文一字欠字。「欠字」とは、「文章中に、天皇・貴人の名などを書く時、敬意を表すため、そのすぐ上を一字か二字分あけて書くこと」である（『広辞苑』第七版）。吉野作造も当時の常識に従って「欠字」を行っていたのだろう。

2　国体護持　日本国の「国体」（65頁の注1を参照されたい）を守ること。

3　「共和国」　共和制をとる国家。共和制とは、ラテン語の原義（rēs pūblica＝共同のもの）が示すように、本来、ある政治社会が、ある特定の個人ないし階層の私物ではなく、構成員全体のものであり、全構成員の共同の利益のために存在しているとみなされる体制をいう。

4　「君主国」　君主制をとる国家。君主制とは、一人の支配者＝君主によって統治される国家形態。

5　危険思想　国家・社会の存立に危険な影響を及ぼすとみなされる思想。

6　社会主義者　社会主義とは、生産手段の私有と私的管理、労働力を含む商品の自由競争という資本主義社会の原則を批判して、生産手段の共有と共同管理、計画的な生産と平等な分配を要求する思想と運動、また、その結果具現された社会体制を広く社会主義と呼ぶ。この考えに賛成し共感して、そのような社会体制をつくろうとする人を社会主義者という。

分に有利なように保護されたい、というのが前提にある。だから、社会組織の維持に反対する社会主義の要求を退けるのがふつうである。そういうわけなので、現在の社会組織に反対する社会主義は、一転して民主主義となる傾向があることは否定できない。げんに西洋諸国の社会党は、多くは社会主義のほかに民主共和の理想をかかげて、これを二つの大きな根本の主張としている。ドイツの社会民主党など[7]は、その最もはっきりした例である。

この点で私たちは、わが国の政府当局者が何も危険のない社会主義の学問的研究などにむやみに干渉するのを、少しばかり残念に思う。けれどもまた、社会主義者の実際の運動に対しては、政府当局者が相当に厳しいさまざまな制限を加えるのを見て、いくらかはそれをもっともだと認めざるを得ないとも考える。なぜなら、社会主義者の運動は、多くの場合、民主共和〔政治社会が、ある特定の個人や階層の私物ではなく、構成員全体のものであり、構成員全体が政治を行う〕という危険思想をともなうことは、これまでの世界の国々の例によって明らかだからである。げんにわが国でも、幸徳一派の大逆罪《たいぎゃくざい》[8]は、社会主義者たちによって引き起こされたではないか。社会主義を真《ま》面目《じめ》に研究しようと思うものは、深くこの点に注意する必要がある。

要するに、国家の本質を哲学的に考察して、国家の権力は絶対に、しかも何の条件もなしに人民がにぎっていなければならない、――このように抽象的に断定する時、民主主義はわが国のような君主が存在する国家では、危険視され、また退けられても仕方がないのである。

第二に民主主義は、ある特定の国家において、その国の憲法の解釈上は、「主権はだれがにぎっているかといえば、それは人民である」と論じられ、断定される形で唱えられることがある。これを私は「相対的」または「解釈的」民主主義と名づけたい。

7　社会民主党　ドイツ社会民主党。一八七五年結成されたドイツ社会主義労働者党が、一八九〇年改称。一九一八年のドイツ革命後、一時政権を担当した。第二次大戦後、西ドイツでは、社会民主主義の立場をとり、キリスト教民主同盟とならぶ二大政党の一つとして東西ドイツ統一後に至る。

8　幸徳一派の大逆罪　幸徳秋水（一八七一～一九一一）が首謀者《しゅぼうしゃ》とされた、明治天皇暗殺計画の発覚にともなう弾圧事件。大逆《たいぎゃく》事件（幸徳事件ともいう）。近代日本最大のでっち上げ（「フレーム・アップ」）事件。一九一〇年（明治四三）、一部の社会主義者の天皇暗殺計画を理由に多くの社会主義者・無政府主義者が検挙され、二六名が大逆罪で起訴、無関係者を含め二四名が死刑を宣告され、翌年一月幸徳秋水・宮下太吉《みやしたたきち》・管野《かんの》スガら一二名が処刑された。

この説はすべての国家はみな共通して「主権はつねに人民にあるべきだ」と主張するのではない。つまり、君主国では君主に主権があるのは理屈にかなっている、ということを否認しない。君主政体の国も、民主政体の国と同じく立派に存在し得る。ただし、憲法の解釈上、主権はだれにあるか疑いが起こった場合に、その国の主権は「人民にある」と解さなければならないと主張する時、この第二の意味の民主主義が成り立つのである。

もっとも大多数の場合、主権はだれにあるのかという問題は、憲法上、初めからきわめて明白なのがふつうである。たとえばわが国では、大日本帝国憲法第一条に、「大日本帝国は万世一系《ばんせいいっけい》の天皇之《これ》を統治す」とあり、また第四条には「天皇は国の元首《げんしゅ》にして統治権《とうちけん》を総攬《そうらん》し此《この》憲法の条規《じょうき》に依《よ》り之《これ》を行う」とあって、憲法の解釈上、少しも民主主義を容認すべき余地がない。またフランスやアメリカ合衆国では、日本とは反対に主権在民を意味していることは、きわめて明白。だから、これまた民主主義を認め得るかどうかを争う余地は全然ない。そういうわけで、憲法解釈上の議論として、民主主義の主張がまじめくさって唱えられる場合は、きわめて少ないといわねばならない。

ベルギーと英国の例

　しかしながら、この問題は稀《まれ》にではあるが、実際にまったく起こらないでもない。たとえばベルギーの憲法では、第六〇条ではっきりと世襲《せしゅう》君主を認めていながら、第二五条では明白に「すべての権力は国民から出る」と規定している。さらに第二九条には、「国王は憲法の定める範囲内において行政権を有する」とある。だから、ベルギーという国は一体、君主政体の国とみるべきか、民主政体の国とみるべきか、どうもはっきりしない。少なくとも憲法解釈上の一つの疑問として、その道理を論じ究《きわ》める価値はある。

　また英国においては、成文の憲法はないけれど、最近ときどき「国家の権力は国王と貴族院と衆議院とから成る「パーラメント」〔Parliament＝英国議会〕にある」といわれる。これはげんに一九一三年四月一五日、アイルランド自治法案にかんする首相アスキス[9]の演説の中にも現れていた。すると英国においては、国王は唯一の主権者ではないようにみえる。ここまで考えてみると、イギリスにおいても、民主政体なのか・君主政体なのかという争いは、憲法解釈上の一つの疑問であるのは、否定できない。

これらの場合、イギリスやベルギーの憲法をこと細《こま》かに研究し、その国家の政治体制を民主であると論ずる説があれば、私たちはこれに民主主義の名称を与えることをためらわない。もし仮にこの種の説が日本の憲法の解釈に対して起こるとすれば、これまた一つの危険思想である。しかし日本の憲法をいかに自分に都合のいいようにこじつけても、こんな説が起こるはずもない。それゆえ、日本でこの種の民主主義「主権はだれがにぎっているかといえば、それは人民である」という考え」をあれこれ言う場合は、必ずそれは外国憲法の研究についてだけである。それならば、なにも危険だとして警戒すべき理由もないのである。

ドイツ帝国の例

解釈の上から、民主主義が唱えられる面白い例は、ドイツ帝国にある。

ドイツは、二五の独立国から成る連邦であるが、一つにまとまるとその名称が示すように「帝国」である。連邦の首長はプロイセン国王が担当し、子孫が次々に継《つ》いで皇帝《カイゼル》と称することになっている。ということは、君主国であることに一点の疑いもないようだが、ドイツの社会民主党だけは別の解釈をしている。社会民主党がその根本の主張の一つとして、共和主義を掲げていることは前に述べた。彼らの主張は、「すべて国家はもともと共和国でなければならない」ということにあるのか、または「国家としての価値は君主国体よりも共和国体のほうが優っている、だから共和制を理想とする」ということにあるのか。——まあこの点はどうも明瞭さを欠くようだけれど、いずれにしても共和主義を目標の一つにしていることに疑いはない。ところがなおその上に、彼らはドイツ憲法上の解釈として「ドイツは共和国である」と主張しようとするのである。彼らはいう。「ドイツは、名は帝国というけれど、その法律上の性質は君主国ではない。なるほどこの国を構成する各連邦の大部分は、明らかに君主国である。ドイツを構成する二五

9　ハーバート・ヘンリー・アスキス（一八五二〜一九二八）　イギリスの自由党政治家。一九〇八年、キャンベル・バナマン首相の病気辞職の後を継いで首相に。多くの社会立法を行う。沈着冷静な判断力と高潔な人格で知られる。著書に『大戦の起源』（一九二三）、『イギリス議会五〇年』（一九二六）など。

10　77頁の注7を参照されたい。

の連邦の中には、王国が四つ、大公国《たいこうこく》が六つ、公国《こうこく》が五つ、侯国《こうこく》が七つ。ほかの三つはいわゆる「自由都市」と称する共和国である。ゆえに、少なくとも二二の独立君主国を含んでいる。しかし、これらの二二の君主国と三つの共和国から成るドイツ帝国の全体は、君主国ではなく、一種の共和国である。ただ普通の共和国と違うところは、普通の共和国では、これを組織する単位が個々の人民であるのに対して、ドイツでは、各独立国家そのものが単位であることだ。そうだとすると、ドイツ皇帝は世襲でこそあるが、また名をカイゼル〔皇帝〕とこそ称するが、その法律上の性質は、共和国の大統領となんら異ならない。プロイセン国王として、彼は君主の待遇・尊称をうけることができるのは、言うまでもない。しかしドイツ皇帝としては、彼はハンブルクやブレーメンなどの自由都市の市長と――その資格の点では――少しも異ならない」こういう見解を立ててドイツの社会民主党はドイツの憲法を解釈して、一種の民主共和の原則に基づくものと主張している。この説はもちろん自分に都合のいいこじつけの理論である。また、この説を採用すると帝国議会の構成などを説明することができないけれど、しかし彼らは「ドイツは共和国である」という前提のもとで、実際にいろいろの面白い言動をしている。

たとえば彼らが党議によって、「皇帝万歳《ばんざい》」と言うことを禁じたり、宮廷に参上してご機嫌《きげん》うかがいをする宮廷伺候《きゅうていしこう》を禁じたりするのが、それである。日本でも西洋でも、ふつう友人の間でも「万歳」という言葉を唱えるけれど、本来のこの言葉の始まりは、ただ国君《こっくん》に対してだけ唱えるべきものだそうだ。そこでこの意味での「万歳」は、国君だけが受けるべきものだから、たんに大統領の資格をもつにすぎないドイツ皇帝に対しては、「万歳」をするべきでない、——という理由から、社会民主党の議員はどんな場合でも「皇帝万歳」を唱和しない。議会の開院式・閉院式などで、議長の発声で万歳を唱える場合には、社会民主党議員はひとり残らず退席するのが習慣となっている。もっともこういう例はドイツに限らない。オーストリアでも、イタリアでも、ロシアでも同様である。

また宮廷伺候にしても国君に対してだけ行うのであって、大統領に対しては、かりに儀式《ぎしき》であっても宮廷にご機嫌うかがいするというようなことは、これも社会民主党は党議によって禁じている。

社会民主党の中でもことに意気盛んな自由都市の市長、すなわち一国の大統領に相当するはずの市長は、天長節《てんちょうせつ》〔皇帝の誕生日〕[11] そのほか宮廷の重大な祝賀に際して、臣下《しんか》としてのあるべき礼儀をもって宮廷に参上しないのはもちろん、祝電《しゅくでん》すら打たない。もし打つとすれば、それは必ず自分と同格の他の自由都市の市長に対するのと同じ形式を取る。かつて皇帝がハンブルクに行幸《ぎょうこう》〔外出〕された時、市長が皇帝のために盛大な宴会を開き、歓迎の言葉をのべるにあたって、「我が同僚《マイン・コレーグ》よ」と呼びかけて、その場に居《い》あわせた人を驚かせたという話がある。

このほか、社会民主党はドイツ帝国刑法の中から不敬罪《ふけいざい》〔皇帝などに対して不敬の行為をする罪〕にかんする項目を取り去らなくてはならない、ということを綱領《こうりょう》[12]の一つに掲げている。なぜならば「不敬罪」の存在は、君主の栄誉の反映だからである。ところがドイツは共和国であり君主はいないのだから、そもそも不敬罪はあり得ない、という理屈に基づく。はなはだしい例になると、帝国議会の予算討議の際に、皇室の費用にかんして皇帝の「賃金《アルバイツ・ローン》」が高いとか安いとかいう言葉を使うものさえいるほどだ。

これらは無論、じつに不謹慎《ふきんしん》な言動であるとは思うけれど、社会民主党の立場からいえば、皇帝を、いわば「共和国大統領」と見ているわけだから、何も不都合はないと考えているのだろう。これではドイツ皇帝が社会民主党をヘビやサソリのようにひどく嫌う、「蛇蝎《だかつ》のごとくに見る」のも不思議ではない。

以上をまとめると、「民主主義」は、国家の主権、つまり国家の政治のあり方を最終的に決める権利はだれが持っているのかについての「絶対的理論」として唱えられることがある。すなわち「国家の主権をもつのは、人民すべてである」という考え方である。

あるいは特定の国家において、憲法解釈上の判断として「民主主義」が主張されることがあり、これはいわば「相対的理論」である。すなわち、国家の政治のあり方を最終的に決める権利はだれにあるのかという問題が、憲法の解釈上で疑問となった場合、その国の主権は「人民にある」と解さなければならない、という主張である。

しかし、「絶対的理論」も「相対的理論」も、どちらも国家の政治のあり方を最終

11　天長節　ここでは皇帝の誕生日のことだが、吉野はここでの一連の文章で、日本の天皇に係わることばを、そのままドイツに当てはめている。本文すぐあとに出てくる「行幸《ぎょうこう》」（天皇の外出）もそういうことばの一つ。

12　綱領　政党・労働組合などの団体の立場・目的・計画・方針または運動の順序・規範《きはん》などを要約して列挙したもの。

的に決める権利は、法律上だれに属するのか、いいかえれば、一国の政治を動かす権力をもつのは、つまるところだれなのか、という問題に係わっている（そしてそれは人民に属する、というのが「民主主義」である）。

したがって、わが国のように、天皇が「国家の政治のあり方を最終的に決める権利、人民を支配する権力」をもつ君主国体であることが、初めからはっきりしている場合には、「民主主義」の考えが通用しないのはもちろんだ。そのことにまったく疑問の余地はない。だから、近代の世界各国の憲法――民主国体（主権が人民にある）か、君主国体（それとも君主にある）か、に関係なし――に共通の根本的な精神である「民本主義」は、その名前はよく似ているけれど、実際には「民主主義」と大変にちがう。そのちがいはきわめてはっきりしていると、私は信じている。

民本主義に対する誤解

「民本主義」とは、法律の理論上、「主権がだれにあるか」ということは、とりあえず問わないけれど、ただその主権を行使するにあたって、主権者は当然、「人民の幸福・利益および彼らの望みや考えを重んじることを方針とするべきだ」という立場に立つ。つまり、国家の権力を運用する時、何を目的にしてその権力を動かすのかという、実際の内容や基準を示そうとする政治の立場であり考え方である。主権が君主にあるか人民にあるかは問題でない。

もちろん、この政治の立場・考え方が「民主政体」の国において、よりうまく、より適切に行われ得ることはいうまでもない。しかし「君主政体」の国でも、「民本主義」が「君主制」と少しも矛盾せずに行われ得ることもまた、疑いない。なぜなら、主権が法律上、君主一人の手に握られていることと、君主がその主権を行使する時に、もっぱら「人民の幸福・利益および彼らの望みや考えを重んじる」こととは、完全に両立し得るからだ。ところが世間には、「民本主義」と「君主制」とはけっして両立できないもののように考えている人が少なくない。これは大きな誤解といわなければならない。

民本主義に対する誤解の大部分は、理論的な根拠のない感情論によってなされる場合が多い。ことにいままで特権をもっていて、自分たちだけが国の政治を動かす権力にかかわってきた少数の人びとからなる階級は、その特権的な地位を失うことを恐れて、感情的になってむやみに民本主義に反抗するのであった。

たしかに民本主義は、特権階級の存在に反抗するものであるから、その階級の人たちが喜ばないのは、もちろんやむを得ない。しかしこれらの感情に基づく誤解または反抗に対しては、私たちはここで理論によって反論し説得しようとするつもりはない。ただ、特権をもつこれら少数がつくる階級は、本来、多くは国家の先覚者たるべき地位、つまりは、ほかの人よりも先に物事の道理や重要性をさとり、人びとを教え導くべき立場にいるのである。ところが、時勢の変化を知らず、世のなりゆきから目をそらして、無意味に旧時代の遺物《いぶつ》である特権を守ることに熱中するばかりなのは、私たちがじつに残念に思うところだ。それだけではない。彼らのこのような態度は、憲政の発達にとって大変な邪魔《じゃま》となってしまうという一面もあるのだ。これについては特に、少しばかり論ずる必要がある。

「憲政」の進歩に向けて――特権階級は自らの役目を自覚せよ

もともと少数の特権階級の連中は、憲政の進歩の上で一種特別の使命をもっているものだ。すなわち、彼らはいままで国家から特別に優遇されていたその地位を利用して、つねに民衆に一歩先んじて社会を指導し、民衆の模範としての実力を養うと同時に、また一方ではへりくだって民衆の友となり、民意の代表者となって、みんなのために働くことを当然の役目としてもっているのである。

いいかえれば、社会組織の中にあって、彼らは「実質的」には、あくまでも民衆の精神的な指導者であるという決意をもっていなければならない。もっとも、彼らは「形式的」には、あくまでも民衆の僕《しもべ》でなければならない。つまり表面的にはどこまでも民衆の勢い・力というものを先に立てながら、実際のところは、彼ら少数の特権階級の人びとは民衆の指導者となるべき天分をもっているのである。

この関係がきちんとうまく整っている時に、社会は健全であり、憲政も進歩する。だが、もし特権階級の人びとが、民衆を率《ひき》いるための実際の知識も能力もなく、しかも人を見くだすかのように民衆を支配しようとすれば、社会には大きな欠陥が生じてしまう。民衆と心からうち解《と》けることのない少数者と、指導者を欠く民衆と。――この両者が対抗して空《むな》しく紛争をくり返し、憲政の進歩・発達は停滞せざるを得ない。今日、憲政の運用がうまくいかず、思わしくない国というのは、多くはこの特権階級の人びとが意味もなく旧時代の夢想に耽《ふけ》っている国である。過去には、彼らは形式的な制度の上で、人民の支配者だった。ところが新時代には、特権階級の人びとは形式上でなく精神的な内容そのものの上で人民の支配者であることに満足し、それをみずからの天分と考えて、形式的な支配者の地位はいさぎよく人民に譲《ゆず》らなければならない。時代の移り変わりに応じて、特権階級の人びとの態度、彼らの考え方が変わらない限りは、憲政の真の発達は期待できない。

世の人びとは、ともすれば「今日の憲政の発達が思うようにならないのは、国民の考えが進歩しないからだ」という。だが国民の考えが進歩するかどうかは、実のところ、ほかの人よりも先に物事の道理や重要性をさとって、人びとを教え導くべき地位にいる人びとが、国民を指導するか・しないかによって決まるのだ。ふつうの人びとを教え導くべき少数からなる階級の人びとが、これまでと変わりなく古いものにこだわり、新しいものを嫌っているようでは、どんなに口では「憲法に基づいて行う政治」という考え方を広める必要がある、と唱《とな》えても、広く国民の心の内に、政治についての健全な考え方を植えつけることはできない。この点で私は、社会の上流にいる少数の賢明な識者・知識人階級に向かって、こう希望せざるを得ないのだ。――「あなた方自身がまず、憲法に基づいて行う政治という考え方を正確に理解し、次にあなた方自身には、その考え方を民衆に伝える指導的役割と使命がある、ということをしっかり自覚してもらいたい」と。

まして国際競争の激しい今日、国民の自覚・自己教育によって国家の精神的な力・勢いを充実することがきわめて必要な今日においては、先になって教え導く少数の人びとの指導によって、国民みずからが気力をふるい起こすことは、じつにさし迫った急務である。

鎖国時代ならば、日本には日本の特色があるとか、中国には中国の特色があるとか言って、世界とまったく交渉しないで各々《おのおの》独自の方向を歩んでいてもよかっただろう。

しかし今日の時勢は、断じてそんなことを許さない。私たちはいまや、世界と共に進歩し、世界と共に同じ道で競争しなければならない運命に置かれている。

「民本主義」についてのこんな非難の例

感情論に基づく誤解のほかにこんな議論もある。すなわち、それなりのかなりの理論的根拠に基づいて、または少なくともかなりの理論的根拠に基づくかのように見せかけながら、民本主義を非難する議論である。

その一つは、民本主義と民主主義を混合し、少なくともこの二者の間の区別をはっきりと認識せず、民本主義がまるで主権在君〔国家の政治のあり方を最終的に決める権利を握っているのは君主である〕という重大な意義に背《そむ》く説であるかのように考えるものである。これまでの用語例では、「民主主義」という一つの言葉によって、二つの異なった意味内容を言いあらわしていたのだから、この種の誤解をまねいたのも無理はない。しかし、この考えが誤りであるのは前にいう通り明らかなので、ここにはくり返さない。

その二つは、民本主義が発達してきた歴史から事実を探しだし、それを証拠にして言う。すなわち民本主義はいつも例外なく、民主主義と共に発達してきたと。だからこの点で、民本主義は君主制とは両立しないのだとみる考えである。

こう考える人びとは、さらに次のように主張する。——「民本主義は、革命という事のなりゆき・局面を通って確立された。ところで革命は、民主主義の流行に基づいている。ゆえに民本主義は、歴史的にみれば民主主義とははっきりとは分けられず共存していた。たんに過去の歴史においてだけでなく、今日でも民本主義が要求することは、過激になるとしばしば民主的な革命の様相を帯びやすい。国家の政治のあり方を最終的に決める権利は人民に、となりやすいということだ。要するに民本主義は、民主主義をともないやすいのである。そうだとすれば、民本主義と民主主義は、理論上は明らかに別々の考えだとしても、実際の運動として現れる時には、二つは必ず一つになる関係なのだ」と。

この説はある点までは真理である。たしかに憲政発達の歴史をみると、多くは革命という一つの局面を通っている。

ところで前にいう通り、近年の憲法の発達は、細かくみると三つの違った経路を取っている。その中で米国系統の憲法は、何も抗争すべき特権階級のいない新天地に現れたのだから、ここにはほとんど革命という事のなりゆき・局面はない。「革命」という危険な経過をたどらなかった代わりに、初めから人民主権の原則に基づいているので、米国流の憲法の下《もと》では、民本主義と民主主義をはっきりと区別して、どちらかの考えにしたがって現実の政治を行うという認識はない。

これに反して、ヨーロッパ大陸諸国の憲法は、しばしば述べたように、特権階級に対する民衆の争いの結果として現れたものだから、その程度に違いはあるけれど、いずれもみな事のなりゆきというか順序として、ともかく革命を経験している。

英国は比較的ゆるやかに進歩したが、しかしそれでもなお革命的な民主思想が現れ出たことは、歴史上にしばしばその例をみる通りである。フランスの憲法にいたっては、古今に絶する、見るも無惨《むざん》な革命の結果としてできたものであるのは、あえてあれこれ言う必要もない。

もっともそのフランスでさえも、特権階級の打破という目的は、十分に達することができなかった。だから純粋な民主主義を徹底しようとして極端な主張をすることはできないとわかった結果、民本主義の観念がだんだんと明白に認識されるようになった。しかし初めのころは、民主主義と民本主義という二者の考えは、はっきりとは区別されなかった。というわけで、ヨーロッパ大陸の憲法は、おおよそみな同じように革命的〔なにしろ特権的な少数の者が行う政治から、その時まで政治から退けられていた、ふつうの人民が行う政治へと変わろうとするのだから、革命的である〕な民主思想の賜《たまもの》として現れたと、いわなくてはならない。

それだけでなく、民本主義の観念がいくらか明白になった後でも、人民はみずからの要求を貫き通そうとする時には、特権階級の強い反抗に逢《あ》わないだろうかと心配し、それを打破しようと熱中するあまり、ときどき革命的な民主思想をもって特権階級を脅《おびや》かすこともあった。そういう事例もいくらでもある。

したがって「民本主義と民主主義とはきちんと区別して認識すべし」ということは、言うのは簡単だが、実際にこの二つを厳密に分類しようとすると、じつに困難といわなければならない。だからこの点について、一部の識者が民本主義の流行に不安を感じるのは、一応の理由はあると私は思う。

しかし、民本主義の起源が革命的な民主思想に由来するといっても、だからどんな場合でも危険なものだと断定するのは誤りである。それではまるで人間がサルから発達してきたのだから、人間はつねにサルのように劣った性質をもっているのだ、という論法と同じであってもちろん取るに足りない。それだけではない。多少の危険をともなう恐れがあるから、これを禁ずべしというのは、まるで多少風変《ふうが》わりな人間がつぎつぎと出てくる恐れがあるから、女子に高等教育を受けさせてはいけない、というようなものだ。社会と国家の進歩発展を願うものは、初めからそんなふうには考えないものだ。

多少の弊害《へいがい》が出たからといってぐずぐずしていては、進歩・発達をめざす仕事では、何一つ手を出すことができない。国家・社会の発展に必要だとすれば、ドンドンその目的にかなう方法を探るべきである。もしそれによって多少の弊害が生ずる恐れがあるならば、私たちはそれを防止するために大いに奮闘《ふんとう》しなければならない。昔からのしきたりの内に立てこもってボンヤリと何もせずに遊び暮らすべきではない。発展は奮闘を要する。私たちは立憲国の国民として、まず快く世界の大勢に門戸を開放し、積極的に国家・社会の大進歩・大発展を企《くわだ》てなければならない。そしてまた、積極的に前進する行為から生ずるあらゆる災害に対しては、立ちどまってこれと戦う覚悟をしなくてはならぬ。

これはたしかに、立憲国にあってほかの人よりも先に物事の道理や重要性をさとり、人びとを教え導くことを自覚している者の、名誉ある責任である。この責任をしっかりと受けとめて投げださない覚悟がある限り、私たちは民本主義を採用しても、国家の将来に対して少しも憂《うれ》える必要もなければ、恐れる必要もない、と私は信ずるものである。

民本主義の内容（一）——政治の目的

私は前の段で、民本主義をこう定義した。「ふつうの人びとの利益・幸福、また彼らの望みや考えを重んじるという、政治権力を運用する上での方針である」と。

この定義は二つの内容を私たちに示す。一つは、政治権力を運用する目的、すなわち「政治の目的」が、「ふつうの人びとの利益・幸福にある」ということであり、二つは、どのように政治権力を運用するかの決定、すなわち「政策の決定」が、「ふつうの人びとの望みや考えを基準とする」ということである。いいかえれば、一つは「政治はふつうの人びとのために行われなければならない」ということ、二つは「政治はふつうの人びとの望みや考えによって行われなければならない」ということである。これこそは民本主義に欠くことのできない二つの大きな要点である。

第一に、民本主義は、政治権力を運用する究極の目的は「一般民衆のため」ということにあるべきだと、要求する。

およそモノにはみな、それぞれの目的がある。それなら政治は、結局のところ何を得ようとして行われるのか、また行われるべきなのか。すなわち政治の究極の目的は何か。時代によってこれは必ずしも同じでない。

ずっと昔の時代には、少数の強者の生存・繁栄がたしかに政治の目的だった。この時代には、ふつうの人びとはこの目的を助けるための道具にすぎず、言ってみれば牛馬のような役目を勤めるものにほかならなかった。

わが国の歴史を見ても、[1]古代には、皇室とその周囲にいる少数の貴族が政権の運用を決定する中心的な勢力であり、彼らの利害あるいは喜びや悲しみが、つまりは全体として政治の目的であり、めざすところのものだった。ふつうの人びとの利害・喜

1　以下の文章で、吉野は「国」や「国家」ということばを厳密に定義せずに使っているが、日本の封建時代——ことに徳川時代——の例でこれらのことばを使う場合、それはほとんど「藩」の意味。

び・悲しみなどというのは、少なくとも意識的には当時の政治家が気にかけるところではなかった。

ふつうの人びとのための政治が最もよく行われたといわれる古代ギリシアの都市国家においてさえも、都市部以外で生活する民衆は、奴隷として市民のために牛馬のようにこき使われただけだったというではないか。もしそれが事実ならば、古代における政治の目的は、少数の強者の生存と繁栄、またはその権力の保持にあったのであり、けっして人民一般の福利にあったのではない。

もう少し歴史を今日に近いところ、すなわち中世以後の封建時代に移してみると、ふつうの人びとの利害や喜び・悲しみは、ずいぶん尊重されるようにはなった。けれども、この時代でさえも、人民の権利が政治上のいちばん大事な究極的な目的になったのではない。なぜならば、封建時代における政治の中心的勢力は、封建諸王侯とその周囲の武士階級であり、武士階級とは、すなわち封建諸王侯の血縁関係者とその家来にほかならないからである。つまりこの時代は、王室の利害および王室は安全か危険かという問題が唯一の、天下の重大事であった。国土と人民などは、当時の考えでは、王室の私有財産にほかならない。

ただこの時代には、国土と人民とが王室を支える基礎である、という関係がかなりはっきりしてきたので、国土・人民と王室との関係を強めるという意味で、民衆がだんだんと尊重されるようになったのである。なぜそうなったのか。理由の一つは、封建諸王侯が各地に勢力を張り、対立して互いに争うという、世のなりゆきの影響もあるだろう。

すべて国際的な競争は、政治を行う階級の人びとに、前よりもいっそう民衆に頼らなければとても立ちゆかない、という思いを強くさせるものだ。ゆえに、王室の利害・喜び・悲しみそのものが、当時はたしかに唯一の国家の問題ではあったけれど、しかし「お家《いえ》」を大事にするためには、「お家」を支える基礎である国土と、君主の家来である人民つまり臣民《しんみん》をもまた、大切に保護し、かわいがり、いつくしみ育てることが必要だ、――と政治を行う階級の人びとは感じて、当時の政治は人民をとても大切に扱うということになったのである。

そういうわけで、たとえば新井《あらい》白石《はくせき》[2]、あるいは熊沢《くまざわ》蕃山《ばんざん》[3]などの、当時の政治学者のいわゆる「政治で最も大切なこと」を論じたものをみると、人民を愛し守る必要を説かないものはない。しかし、それでは何のために人民を愛し守るのかと問えば、結局は、「「お家」の安泰《あんたい》のために必要だから」ということになる。ちょうど私たちが、炊《すい》事《じ》その他の雑用をする下女《げじょ》・下男《げなん》を使う時に、できるだけ手当を薄くして給与を節約するよりも、面倒《めんどう》をみてやり、親切に手厚くもてなしてやるほうが、結局は家のためになるという、情《なさ》けをかけるやり方、いわば慈善《じぜん》という考え方と同じ方法である。

封建時代における「仁政《じんせい》」の根本的な考えは、つまるところ、そういうものである。したがって封建時代、賢明な君主の下で生きていた人民は、かなり幸福な生活を営むことができた。だからこれらの人民は、限りなく君主の仁徳《じんとく》、情け深い徳をうやまい慕《した》って、少しも不平がなかったのである。

けれども今日の私たちから見れば、その時の人民は、要するに慈悲《じひ》深い主人の下における下女のようなもので、権利として自分自身の幸福・利益を主張することを許されたわけではない。だから、ひとたびお家《いえ》にとっての重大事が起これば、人民の幸福・利益はふみにじられても、人民に文句はなかった。これをたとえれば、ひとたび主人が破産でもすれば、下女は約束の給料がもらえないのはもちろん、着ているものも脱いで、何もかも主人の家のために取りあげられても仕方がない、というのが封建時代の有り様だった。ただ、長年「仁政」を行っていたので、人民に不平はなかったというだけのこと。だから、ふだん仁政を行っていなかったところでは、こういう場合には、まず必ずと言っていいほど百姓一揆《ひゃくしょういっき》などが起こったものだ。

わが民本主義は、以上のような状況・地位に民衆を置くことに反対する。すなわち政治の究極の目的が、右のようなものとはガラリと変わって「人民一般のため」でなければならないということを要求するものだ。「人民一般のため」とはいえ、それは単純に民衆の利益・幸福を要求するだけにとどまらない。なぜなら人民の利益・幸福は、たとえ封建的な考えの下にあっても、賢い君主（明君《めいくん》）やすぐれた大臣（賢相《けんしょう》）の下においては、期待することができるからである。

しかし、その地位にいるのがいつでも明君・賢相であるかどうかは、前もって約束

2　新井白石（一六五七〜一七二五）江戸中期の儒学者・政治家。百科全書的知識人。六代将軍徳川家宣《いえのぶ》、七代家継《いえつぐ》の下で幕政を主導した（正徳の治《しょうとくのち》）。朝鮮通信使への応対変更、貨幣に関する制度・外国貿易の改革などを行う。「藩翰譜《はんかんぷ》」「読史余論《とくしよろん》」「采覧異言《さいらんいげん》」「西洋紀聞」「古史通」「折《おり》たく柴の記」などの著がある。

3　熊沢蕃山（一六一九〜一六九一）江戸前期の儒学者。中江藤樹《なかえとうじゅ》に陽明学を学び、岡山藩主池田《いけだ》光政《みつまさ》に仕える。著「大学或問《わくもん》」が幕政批判とされ、古河《こが》城中に幽閉《ゆうへい》されて没。著「集義和書《しゅうぎわしょ》」など。

することも期待することもできない。だから制度という観点からいえば、封建的な組織の下にある限り、人民の福利は永久に安定していて万全である、ということはあり得ないといわなければならない。

そういうわけで、民本主義は、ふつうの人びとの幸福・利益こそを「政治の最終的な目的」として掲げるのであり、政治を断じてその他の目的の手段とさせてはならない、と要求するに至ったのである。ほんのわずか一部の、少数の人びとの利害のために、広く一般の人びとの利益・幸福を犠牲にするのは、現代の政治において断じて許すことはできない。貴族とか、富豪とか、その他さまざまの少数者から成る階級にとって都合のいい利益のために、ふつうの人びとの利益・幸福が踏みにじられることは、民本主義がいちばんはじめに退けるところのものだ。

もっともこう言えば、ひょっとすると、民本主義を、わが国の建国の根本的な考え方である君主のために体と命を惜《お》しまないという考え、すなわち「忠君の思想」に背《そむ》くと非難する人があるかもしれない。というのは、民本主義は封建時代の「お家《いえ》のため」という考えはダメだと反対するからだ。ところでその「お家のため」ということを大きくみれば、皇室のためということになる。すると民本主義は、皇室のためといって人民の利益・幸福を無視する場合にも、「それはダメだ」と反対するのか、と問う人があるだろう。この非難については、私は次の二点をあげて答える。

民本主義は皇室の利害と対立しない――その理由《わけ》二つ

第一に、「皇室のため」ということと、人民の利益・幸福を根本にした「国家のため」ということとは、今日、けっして矛盾することはない。

封建時代のように、国家内に数多くの小国家が並立する場合には、小国家〔藩〕があるのを知って、大国家〔日本国〕があるのを知らない人が少なくない。現にわが国でも昔、藩と藩が互いに敵視し合って、国家を忘れた事例はたくさんあるではないか。赤穂義士《あこうぎし》[4]なども、藩という観点からみれば、その行動はまことに賛嘆《さんたん》に値《あたい》すべきものだろうが、国家的な観点からみれば、むしろ一種の罪悪である。私たちはただ、彼ら

4　赤穂義士　元禄一五年一二月一四日（一七〇三年一月三〇日）夜、江戸本所松坂町の吉良義央《きらよしなか》邸を襲って、主君浅野長矩《あさのながのり》（内匠頭《たくみのかみ》）の仇《あだ》を報《むく》いた四七人の武士。彼らの行動を義にかなうとする立場からの呼称。赤穂浪士。四十七士《しじゅうしちし》。吉野の赤穂義士批判は、ほとんど福沢諭吉（『学問のすゝめ』六編）のそれを思わせる。

の動機にある種の偉大なものを認めるので、今日でもなおその行動を賞賛してやまないのである。

また維新の当時、長州藩が英国軍艦の砲撃を受けた際には、対岸の小倉《こくら》藩周辺の人間は、小高い山などにのぼって高みの見物をしていた。文字どおり「対岸の火事」として見ていたとのことである。これもみな国家という観念が乏しかったからだ。つまり小国家〔藩〕という考えにとらわれてしまい、国家全体〔日本国〕の利害と衝突することはけっして珍しくない。この点からみれば、封建時代における「お家のため」は、必ずしも「国家のため」にはならないのである。

しかし今日では、皇室は国家の唯一のおおもとであるから、皇室のために、国家と人民の利害を無視しなければならない、というようなことになるとは、まず考えられない。したがって、「皇室のため」と「人民のため」との二つが対立し、ぶつかり合うということは、絶対にないと私は信じる。

第二に、かりに一歩ゆずって「皇室のため」と「人民のため」の二つが対立し合うことがあるとしようか。しかし民本主義とは、別の言い方をすれば、国家の政治のあり方を最終的に決める権利をもつ者〔たとえば君主〕が、その権利を行使する上での方針を示すものである。だから「君主はみだりに人民の利益・幸福を無視すべきではない」という原則を立てるのに、何のさしつかえもないのである。

法律で規定せず、国民の道徳的判断にまかせよ

ただ、かりに皇室のために、人民の権利・幸福が無視された場合があるとして、さてその時に、人民はどんな態度を取るべきかという問題になると、どうだろう。そんな場合は、たとえば主人が破産した場合に、下女などが着ている物までも脱いで主人の家を助けるべきかどうかという種類の問題と同じである。そういう種類の問題は、本来、上下両者の道徳的な関係〔つまりは当人たちの良心の問題〕に一任すべき事柄であって、制度として法律の上に「誰に何をどう強制するか・しないか」などを決めるのは、かえって望ましくないと私は思う。

封建時代には、いわば君主はふだん臣民《しんみん》や僕《しもべ》に小さな恩をおしつけておいて、いざという場合には、彼らにその全人格、身体も意思も何もかもをひっくるめて、奴隷的奉仕をせよと迫るのである。しかし日常生活にかんして、どんなによく面倒をみてやったとしても、万一の場合には月給を渡さなくてもよい、着ている物も脱げという

ことを、もしあらかじめ規則として定めておいたとしたら、使われる者としては、これほど不都合な規則はないと思うだろう。

要するに、主人が思いがけず貧乏で苦しむような状況に陥った時、下女が主人を助けるかどうかは道徳上の義務の問題として捉《とら》えて、まったく両者の自由意思に任せたい。制度としてあれこれ強制するのは、かえって両者の円満な関係をよそよそしいものにする理由となるのではあるまいか。

まして君臣の実質的な関係というものは、もともと長い歴史の生みだしたものであり、その微妙な事情は法律制度によって、ほんのわずかでも増やしたり減らしたりすることはできないものである。なぜならこの君臣関係の微妙な事情は、長い歴史の中で君主の徳によって感化されてきた国民の精神が根底にあるからだ。陛下のためには「水に溺《おぼ》れ火に焼かれるほどの苦痛や危険をもいとわず物事に力を尽くす」というのは、日本国民の覚悟である。

しかしながら、この覚悟があるからといって、「国家は時には人民の利益・幸福を無視してもいい、人民はそれを甘んじて受けいれなければならない」——そんなふうに制度の上で定めたとすれば、忠義にあつく善良な国民にとっては、かえって一種不快な気持ちが起こる原因となるのではないか。

だから私はいう。「実際に国家が国民に対して多少、度を超えた犠牲を要求する場合には、それに応ずるか・応じないかは、国民の道徳的判断に一任することにしたい」と。制度としては、どこまでもみだりに人民の利益・幸福を無視することはしない、と決めておきたいと思う。このように決めても、わが忠良なる国民は、けっして一身の安全を考えて、君国のためを考えず、ぐずぐずしているものではない。まさしく忠君の思想は、建国の精神であり、かつ国体のすぐれたところである。これを制度の上にわざわざだめ押しするかのように書き込むなどというのは、百害あって一益もないと私は信ずるのである。

こう考えてみると、民本主義が、制度として十分に人民の利益・幸福の尊重を力説するのは、わが国において少しも不都合なことではない。人民が各々《おのおの》自由な判断によって自分の利害を度外視して他者のために尽くす、——民本主義はもちろんそれをとがめたりしない。ただ、この本来道徳的であるべき行為を制度の上に書き表して、「人民の利益・幸福を踏みにじることも可能なのだ」という口実を与えるようなことに対して、民本主義は極力反対するのである。

要するに、民本主義を基礎とする現代の政治は、「人民のために」ということを究極の目的とする。つまり民本主義は人民全体の利益と幸福を、他のもののために犠牲にすることを許さない。ところがこの点が現在の世界各国において十分に貫かれているかというと、必ずしもそうでない。

「人民のために」の原則が貫かれない理由《わけ》――「特権階級」の存在

その理由の一つは、やはり長年にわたる封建時代の間に形成された考え方と習慣とが、民本主義がはっきり承認された今日においても、まださまざまな形で制度の上に残っていて、「人民のために」という考えを十分に貫き通すことを妨《さまた》げているからだ。この傾向は、西洋でも、立憲政治が上流と下流の両階級の衝突と妥協の結果として発達した国家に多い。

そして民本主義の考え方を徹底できない最も主要な原因は、旧時代から残されたもの、「特権階級」の存在である。もし特権階級がみずからに与えられている法律上の特権を、ほどほどに利用するだけにとどめるならば、大した弊害もないといえるけれど、彼らはなにかにつけこの特権をたよりとして、むやみに民権の発達に反抗する。

彼らは過去に「法律上」の特権をもち、「政治上」にも特別の地位を得て、ひとり政権に参与する特典をもっていた。それで彼らは、この特別な地位を永久にひとり占《じ》めするために、なにかというと人民一般の利益や幸福とぶつかり、「人民のために」の政治にさからう傾向を示す。

もともと特権階級の存在そのものは、国家にとってけっして無用ではない。国家に功労のある者を優遇し、彼らに特権を与えて、子孫が代々それを受けついで国民の精神的なお手本になろうとすることは、本来結構《けっこう》なことである。この意味で、国家が「貴族」というものを設定して残しておくのは、きわめて有益なことである、と私は信じる。しかし多くの場合、彼らはその特権的な地位に慣れて緊張感をうしない、国家が優遇する恩に背くことが少なくない。ひどい場合には、その特権を乱用し、一般の人びとの利益と幸福をないがしろにする者さえいる始末である。だから、最近の政治では、「特権階級」はしばしば民本主義からの反抗を受けているようである。

特権階級に対する民本主義の争いは、一九世紀初めのヨーロッパでは、かなり激しかった。ことに特権階級がその特権をいさぎよく手放してしまうことができず、民本主義の要求〔ふつうの人びとの考え・意向を聞いてそれに基づいて政治を行うべし〕をすんなりと受けいれなかった国々では、この抗争はかなり長く続いた。しかしもう今日では、これらの問題はほぼ解決したようである。特権階級がその特権をいさぎよく手放してしまうことができないという問題がまだ残っているのは、ヨーロッパではまあロシアくらいのものだろう。

イギリスでは、上流階級が一般の人びとの要求をよく受けいれた。ドイツでは、上流階級と一般の人びととの意思の疎通《そつう》はまだ十分でないけれど、道徳・知識にかんして上流階級の少数の人たちがつねに一般の人びとを圧倒していて、その実力によって一般の人びとから尊敬されている。だから英独の両国は、上下の両階級の争いはほぼ解決してしまったと言ってよい。

ではひるがえって、わが国はどうか。不幸にして、一方では民衆の知識・経験がまだ「特権」にかんする問題点を理解し、これを廃止せよと主張するまでには発達していない。他方、特権階級のほうは、民衆の要求をだんだんと理解し、どう対処したらいいかをさとりはじめている。ただし、特権階級の人びとの中には、気位《きぐらい》が高くて、一般民衆にへりくだる心の広さ・おおらかさ、つまり雅量《がりょう》のない者もいるし、貴族の特権にあぐらをかき、ふんぞりかえって、なんの努力もしない者もいる。——というわけで、貴族にたいする反感・侮蔑《ぶべつ》の感情を無意識のうちに一般民衆の間に引きおこしてしまっている者があるのは、じつに情《なさ》けないことだと思う。

たしかに民本主義の要求は、ともかくも世界の大きな動きである。だから民本主義と特権階級の関係は、どうにかして解決しなければならない。両者の関係がおだやかに解決されて、社会の健全な発達の基礎をつくるためには、一方で私たちは民衆の知識・経験を豊かにする必要があるが、他方で、上流社会の人びとに反省してもらう必要もある。

「資本家」の登場――民本主義がたたかう相手

以上に関連して、次のことにも注意しなければならない。それは最近のわが国などで、右にいうような昔から存在する特権階級のほかに、新たにいろいろな特権階級が生まれる傾向があることだ。なかでも、最もはっきりとわかるのはカネにものをいわせる「金権階級」である。一般に「資本家」と言われているもののことだ。この階級に対しては、これまで社会主義者からの批判や抵抗があった。資本家と社会主義との関係は、ちょうど昔からの特権階級と民本主義との関係に似ている。

そもそもなぜ社会主義は、資本家と争うのか。その根本的な動機は、これもまた社会全体にかかわる利益と幸福を、ふつうの人びとみんなに広く分配しようとする精神に基《もと》づいている。この点で、社会主義と民本主義はいくらか共通しているだろう。ただ、社会主義は、現在の社会組織を革命的に変革することをめざすという理由から、ちょうど民主主義が、君主の支配する国つまり「君主国」では危険視されるのと同様に、多くの国において社会主義は、危険視される傾向があった。

しかし、経済的に富裕《ふゆう》な層と貧困な層を生みだすことによって、金銭上の利益が一部の階級に独占されるという事態は、社会主義の考え方だけでなく、民本主義の考え方にもまた反する。だから社会組織を根本的に改造するべきかどうか、といった大本《おおもと》の問題までさかのぼらないで、最近の政治はとりあえず富裕層つまり経済的な特権階級に対して、富を独占できないような方法を講じなければいけないのだ。各種の社会的な法律をつくることが、すなわちこれである。この意味で、民本主義が〔政治的な特権階級だけでなく〕経済的な特権階級とも争うというのは、最近の各国に共通した現象である。

「日清戦争」という転機

いま、わが国の状態をみると、このところだんだんと資本家なるものが幅をきかせてきて、その莫大《ばくだい》なカネの力にものをいわせて、不当にも社会のみんなに共通にかかわる利益を踏みにじろうとしている。とはいえ、このような傾向はアメリカほど激しくはない。ともかくも最近の資本家の力・勢いは、じつに大きくなっている。ことに日清・日露の両戦争後の勢力といったら、大変なものである。

たしかに、カネによって事を左右する力、つまり金権なるものは、どんな時代のどんな社会でも、一種の勢力であることは否定できない。しかし日清戦争以前は、金権は政治権力、つまり政権のはるか下に押さえつけられていたのである。さらに歴史を明治の初年にさかのぼれば、金権は政権の前にみずからを屈して、その助力のもとに財力、金力の増殖をめざしていた。たとえば大隈重信《おおくましげのぶ》伯爵《はくしゃく》〔伯爵や侯爵など爵位については117ページの注10を見よ〕にひれ伏す三菱[5]、井上馨《いのうえかおる》[6]侯爵《こうしゃく》にひれ伏す三井[7]・藤田[8]などは、みなそれである。

ところが日清戦争は、初めて政権が金権に助力を乞わざるを得なくなった。つまり、金権は初めて政権と対等の地位を得たわけである。それが日露戦争ともなると、桂《かつら》太郎《たろう》[9]公爵の政府は、もはや初めから終わりまで資本家の前に頭《こうべ》をたれて、その金力・財力の助けを求めたのである。ここにおいて金権は一躍《いちやく》して、国家の重大事に当たって政権を左右し得る大きな勢力となった。富豪が爵位《しゃくい》[10]をもらったのも、みなこの時以後の出来事である。なかには「男爵《だんしゃく》を授《さず》けてくれるのだったら」という条件で、多額の軍事公債《こうさい》のためのカネを出そうという者もあると言われているほどだ。

こうして金権は、政権を圧倒するようになり、自分たち富裕層の利益のためにいろいろと不当な法律を制定するよう要求したのである。資本家階級にとってだけ有利であり、一般の民衆にとっては最も不利かつ不都合な、各種の財政上の法律が存在するのは、みなこの結果である。まあザッとこのようにして、最近のわが国では、法律によって不当にその利益を保護された新しい一つの「特権階級」が生じたのである。私たちが最も心配し、かつ注目するのはこういうことだ。すなわち、この種の特権階級は、将来「民本主義」の要求を突きつけられた時、いいかえれば一般民衆から平等な富の分配を要求された時、一体どのようにその求めに応じるのかと。

カネこそ力という金権階級は、事が精神上のことではなくて、目に見え手に触れることのできる物質上の利害にかんすることなので、なかなか簡単に「ハイそうです

5 三菱　三菱財閥のこと。日本の財閥の一つ。岩崎弥太郎《いわさきやたろう》によって築き上げられた。明治維新後、政府御用の海運業者として巨利を得、日本郵船の海上運送における独占的地位を基礎として発展、三菱合資会社を本拠として、海運・鉱山・造船・銀行・商業・貿易など、ほとんど全産業に及ぶ総合的コンツェルンを形成するに至る。第二次大戦後、GHQの指令により解体。

6 井上馨（一八三五～一九一五）政治家。長州藩士。明治政府の中心人物の一人。要職を歴任。三井財閥との縁が深い。晩年は元老。

7 三井　三井財閥のこと。日本の財閥の一つ。三井家は江戸初期からの典型的な商業高利貸資本で、明治維新には政商として発展。以後、三井合名会社を本拠として銀行・信託・保険・鉱山・重軽工業・電気・ガス・商業・貿易など、あらゆる部門にわたる総合的コンツェルンを形成するに至った。三菱と同様、第二次大戦後、GHQの指令により解体。

8 藤田　藤田組のこと。長州萩《はぎ》生れの実業家・藤田伝三郎《ふじたでんざぶろう》（一八四一～一九一二）が創設。農・林・鉱・金融業を営む。藤田は関西財界の重鎮。

9 桂太郎（一八四八～一九一三）軍人・政治家。陸軍大将。長州藩士。山県有朋《やまがたありとも》の下で軍制改革を推進、陸相。三度首相となり、日英同盟締結・日露戦争・韓国併合条約締結などに当たる。

10 爵位　一般に身分的な位階序列を表す貴族の称号をいう。日本古代以来の位階制、勲等制は明治以後も存続するが、一八六九年（明治二）の版籍奉還《はんせきほうかん》によって公卿《くぎょう》、諸侯の称が廃止されて華族が設けられ、士族の上に置かれた。この貴族の地位を示すものとしての華族は、一八八四年（明治一七）の華族令により、公・侯・伯・子・男の五等の爵位に分けられた。一九四七年（昭和二二）華族制度の廃止と共に爵位も廃された。

か」と、ふつうの人びとの声を聞こうとはしない。だから将来、もし社会的な問題にかんして解決の難しいものがあるとすれば、おそらくそれは、この財政上で優遇されている特権階級の問題ではないだろうか。そして、かりにこの財政的に優遇された特権階級が、以前から存在する身分上の「特権階級」とぐるになって、おごり高ぶって偉そうに「民本主義」の要求を拒否するとすれば、国家にとってこれ以上の災難はない。わたしはこの点にかんして、知識があり正しい判断のできる人びとの注意を心から呼び起こしたい。さらには、国家による、これ以上はないというほどの優遇を受けて、勝手し放題の貴族富豪にも反省を求めざるを得ないのだ。

以上、要するに「政治の最終目的は人民の利益・幸福でなければならない」ということが、「民本主義」の第一の要求である。パッと見ると一般の人びとの全体の利益とはなんの関係もないように見えても、よくよく考えてみれば社会全体の利益・幸福となるものだとすれば、それはまさに「民本主義」の考え方にほかならない。結局、「一般の民衆のためになるのか・ならないのか」が、善い政治か・悪い政治かの判断基準である。だから逆に、一見すると一般の人びとのためになるように見える政策でも、それがたまたまほかの目的の副産物として出てきたものならば、「民本主義」だと考えて満足することなどできないのである。

民本主義の内容（二）――政策の決定

第二に、民本主義は、政策の最終的な決定を、人民の考え・意向に基《もと》づくべきことを要求する。

民本主義は、政治の目的をふつうの人びとの利益・幸福に置く。しかしそれだけでなく、政策の決定についてもまた、ふつうの人びとの考え・意向を、最終的には最も重視すべきであると要求する。最終的に人民の意向を重視するということは、必ずしも個々の問題について、いちいち人民に意見を聴くという意味ではない。そうではなくて、人民の意向に反することは何事《なにごと》もしないということであり、すべての政治活動は、そのことをはっきりと示すか、暗黙のうちにするのかは別として、ともかく人民の承認なしには行わないということである。

「政策の最終的な決定は、人民の考え・意向に基づくべきだ」という主張の、理論上の根拠は、おそらく「ふつうの人びとの利害・幸福は、かれら自身が最もよくそれを判断できる」ということにあるのだろう。政治が、ふつうの人びとの利益・幸福を目的としている以上、どう政治を運用するかは、かれらの利益・幸福とは何かを最もよく知っているものが、これを担当する必要がある。

先にいうとおり、自分の利益・幸福が何であるかは、当人がいちばんよく知っているとすれば、近代の政治は、そのふつうの人びとに、政策の最終的な決定をさせるのが、最もよくその目的にかなうと認めたのだろう。しかもそれだけではない。

「政策の最終的な決定は、人民の考え・意向に基づくべきだ」という主張には、実際上の理由もある。それは少数の人だけで行う政治は、多数の人びとの要求をうまく処理することができないということだ。しかも、しばしば自分の属する特権的な階級の利益を守ることばかりにこだわって、その地位を乱用し、不当な政治を行うという弊《へい》害《がい》があるからである。この点で、ふつうの人びと、つまり多くの人びとの考えや意向を尊重するということは、政治を適切なものとし、公平なものとし、またけがれなく不正のないものとする効用がある。

ところが、民本主義の第二の要求（民本主義は、政策の最終的な決定を、人民の考え・

意向に基づくべきこと」に対して、これを非難する議論が、世間にはかなり強い。いま、これらの非難を細かく観察すると、だいたい三種類にまとめられるように思う。

三つの非難、その第一

「民本主義」は憲法上、「君主大権」[1]に反するとする説である。どういうことかというと、政策の決定は「最終的に人民の考え・意向を尊重すべし」というのは、天皇中心主義つまり「君主主義」の精神に背《そむ》くというのである。

この非難もくわしく見ると、さらに二つに分けられる。

主権は君主に、政治は人民のために

一つは、前に述べた「民本主義」全般に対する誤解と同様であるが、私のいう「民本主義」を「民主主義」と混同した誤りである。すなわち、「政策の最終的な決定は、人民の考え・意向に基づくべきである」というのを、「主権を君主の手から奪って、人民の手に移す」ことだと解釈して、それはわが国のような君主国では、許すことのできない、道理に合わない偏《かたよ》った考えだ、というのである。

この説が間違いなのはすでに述べた。くり返すまでもなく、「民本主義」は政治上の主張であって、法律上の説明ではない。法律上の「主権」（国家の政治のあり方を最終的に決める権利）は、君主にある。その主権者である君主が主権を行使するにあたって、どのような意見や原則をとるべきかを決定する時に、政治上の主張として、「民本主義」の考え方つまり人民の考え・意向が尊重されるべきだという考え方が、現れてくるのである。だから、少しも「君主主義」と矛盾しない。

君主が支配し統治する日本の国体である君主国体を擁護《ようご》するために、危険な「民主主義」を退《しりぞ》けようとすることに、私もまた同感するけれど、ただそのために、名前は似ているものの、中身は異なる「民本主義」の政治的な発達までも邪魔するようなこ

1　君主大権（天皇大権）「大権」とは明治憲法下で、広い意味では、天皇が国土・人民を支配することが許される資格、すなわち統治《とうち》権のこと。狭い意味では、憲法上の大権として、帝国議会に相談せず、輔弼《ほひつ》機関のみとの相談によって行使する、天皇の地位においてなし得る事務。「輔弼」とは、明治憲法における考え方で、天皇の行為や決定に関し進言し、その結果について全責任を負うこと。国務上の輔弼は国務大臣、宮務上の輔弼は宮内大臣および内大臣、統帥《とうすい》（軍隊を支配し指揮する）上の輔弼（輔翼《ほよく》とよぶ）は参謀総長・軍令部総長の職責《しょくせき》であった。

とになっては、憲政の将来にとって大問題だと思うのである。

「君主大権」の制限――立憲主義国家では当たり前のこと

もう一つの非難はこうだ。たとえ政治上の主義であるとしても、君主はその権力を行使する際に、「いつも必ずふつうの人びとの意向を考慮しなくてはならない」ということが決まりとなってしまうならば、その分だけ君主の大権が制限され、したがって「君主大権」が自由に行使される範囲が狭《せば》められてしまう、という説である。

しかしこの種の論者は、次の事実を知らない人びとなのだ。すなわち「君主の大権なるものは、立憲主義[2]に基づいて運営されている国家では、そもそも初めからさまざまに制限を受けているのだ、という事実」を、である。

「制限」という言葉を使えばこそ、世間の人びとはいかにもこの言葉を気にし、その内容を気にするけれど、もし「制限」に代わって「道《どう》」（人として守るべき物事の道理）という言葉を使ったら、どんな反応を示すだろうか。すなわち「立憲政治」は、わがまま勝手な政治ではなく、「道」に基づいて国家を治める政治なのだとすれば、「道」は、そのまま「主権者」の自由な行動に対する一種の「制限」ではないか。

　しかもこの「道」は、法律にも政治にも効力を発揮する。いいかえれば、君主の大権は、法律上でも政治上でも、勝手きままな行動を許されず、さまざまな「制限」を受けている。――というのが、立憲制をとる国家に共通することなのである。

　もっとも憲法学者の中には、憲法による「君主大権」の制限は、自分で自分の行動に制限を加えることだから、これは法律上、厳格にいえば「制限」というべきものではないと論ずるものもある。そこでとりあえず、このような理論にしたがうとして、法律上、君主の大権は絶対的に無制限だとしておこうか。

　だが、法律上はともかくとして、政治上からみれば、「君主大権」はさまざまな制限を受けていることは、疑いの余地がない。君主の大権が、「君主の勝手きままな行動を許されているのか・いないのか」、君主の大権に「制限はあるのか・ないのか」ということが、まさに「立憲政治」か「専制政治」かを分ける核心部分である。憲法の精神・考えをあらわす諸制度は、まさしく「君主大権」に制限を加えることを目的とする政治的な配慮にほかならないのである。

2　立憲主義　13頁の注2参照。

ただし、これらの制限は、客観的にみれば「制限」にちがいないが、主観的にみれば主権者の取るべき「道《どう》」であると言える。だから主観的にみれば、「国体」観念の上からは、君主が絶対最高の、政治における中心人物であることは少しも傷つけられないのである。とはいえ、この絶対最高の、政治を行う人物が、どんな場合にもまったく無制限に行動するとなると、多くの弊害を生ずる恐れがあるので、近代の政治は「君主の大権」にさまざまな「制限」を加えることを認めたのである。

「立憲政治」とは、君主大権を制限する制度

だからこの「制限」がイヤならば、初めから「立憲政治」を採用しなければいいのだ。少なくとも世界の歴史の動向にしたがって「立憲政治」を採用した以上は、君主の大権があれこれの制限を受けるのは、当然と考えなければならない。しかも、君主が各種の制限を受けるということは、じつは政治においてきわめて有益なことである。

だが、こう主張する人もある。――「純粋な意味での君主の支配する国では、君主はたんに法律上において一国を左右する権力、国権を握る唯一の存在者というだけではない。実際にまた、君主だけが国権を自分の思うとおりに行使できなければならな

いのだ」と。

けれども、君主は事実上、決して万能のお方《かた》ではない。君主の単独の意思によって、だれにもご相談されず、天下のことを自分だけの意見で勝手に決めて実行にうつす、ということは決してない。それだけでなく、一人で勝手に決めて実行にうつすことが、どんなに危険な制度であるかということは、いまさら言うまでもない。

だから現実をみても、今日、多種多様な政務を君主が単独で決定し実行するということは、どこの国でも行われていない。ドイツのヴィルヘルム二世[3]のような、近ごろ稀《まれ》にみる多才多能のお方でさえも、複雑な政務をとり行うには数多くの大臣の知恵を借りる必要に迫られているではないか。だからこそ、完全に無制限な君主の自由行動というのは、事実上、望み得ない。もし望み得るとしても、それはつねに偉大で抜群で、その上多才多能の名君が次から次へと立ち現れるという条件の下でだけ、初めて弊害《へいがい》なく行われ得るのである。

3　ヴィルヘルム二世（一八五九〜一九四一）　プロイセン王。皇帝に即位するや宰相ビスマルクを辞任させ、積極的な海外進出（いわゆる「世界政策」）に乗り出す。

こう考えてくれば、君主の行動がかなり制限されているというのは、じっさいのところ、必要でもあり、また望ましいことでもある。——という次第《しだい》で、「立憲政治」においては、君主の大権はそもそも制限を受けるものである。だから「制限」を受けるか・受けないか、というのはもはや問題ではない。問題となるものがあるとすれば、それは君主の大権がどんな種類の「制限」を受けなければならないか、である。すなわち、ふつうの人びとの考え・意向を聴くという「制限」を受けるのか、それとも君主の側近の二、三の者に意見を聴いて相談するという「制限」を受けるのか、というような問題になるわけだ。

君主大権の「制限」とは何か

それなのに一部の論者は、広く人民の考えや意向を聴くことは、君主の大権に対する「制限」だと考えるにもかかわらず、それ以外の場合については、少しも君主大権の「制限」を問題にしない。それは、ずいぶん偏《かたよ》った視野の狭い議論であると思う。例をあげて説明しよう。

いまここに内閣を変える事態が生じたとする。この場合、新しく内閣を組織する・

新しい大臣たちを選ぶという重大な任務は、当然、議会で多数を占める政党の党首に託されなければならないという慣例があるとする。この場合、前述の論者たちは、この慣例は君主の大権を「制限」するものだといって非難するはずである。なぜならいまの例でいえば、君主はもはや自分の自由意志だけで大臣を任命することができないからである。

しかし「君主大権を制限するから悪い」というのならば、――すなわち君主の自由行動という考え方を、この際、文字どおり厳格に貫こうとすれば――、君主は事実上、誰にもご相談されることなく、まったくご自分一人のお考えで、総理大臣はだれ、内務大臣はだれ、陸軍大臣はだれ、ということをお決めにならなければいけない。けれども、このようなことは事実上、あり得るのかどうか。

実際の例をみれば、このような場合、君主は必ずすぐ側《そば》で仕《つか》えている経験を積んで物事に熟練している二、三の臣下《しんか》にご相談されるのが普通である。これが二度、三度とくり返されると、結局、だれを大臣に任命するかについては、必ず元老《げんろう》[4]にご質問され、その意見によって大臣をお決めになる、ということになる。こういう決定の仕方は、これもまた、たしかに君主の大権に対する明らかな「制限」ではないか。私のみるところ、大臣の任命にかんして、君主が、議会の多数を占める政党から人を採用するのも、元老へのご質問によってだれと決めるのも、どちらも君主の大権に対する事実上の「制限」であることは同じだと思う。

ただ、その「制限」の種類は同じでない。一つは「多数の人びと」に相談して決めるが、もう一つは「少数の人びと」に相談して決める、というちがいである。すると問題は、君主はどちらの「制限」を採用するべきか、となる。少数の人だけに相談すべきか。広く多数の人に相談すべきか。——こう論じてくれば、たんに「君主大権」を制限するからダメだという理由で、民本主義を退けるのは理にかなっていない。

だから、もし「民本主義」はダメだという理由を説得的に論じたいのならば、もう一歩進んで、多数の人に相談するのはつねに悪く、少数の人に相談するのは必ず善い、という理由をはっきりと証明しなければならない。

ところがわが国では、明治初年以来、多数の人びとに意見を聴き、相談することをもって建国の方針としているのだ。明治天皇陛下は、維新のはじめ、現に、「広く会議を起《おこ》し万機《ばんき》公論に決すべし」[5]と意思を明らかにされている。すなわち多数の人びとに相談して、公平にして、かつ理にかなった政治を行うという「民本主義」の精神は、明治初年以来、わが国の方針、国是《こくぜ》であった。いまごろになってこれを否認して、君主は少数の人の意見だけを聴くべきだなどと唱えるのは、政治世界の進化の大勢に逆行するものだ。

三つの非難、その第二

「民本主義は、政策の最終的な決定を、人民の意向に基づくべきこと」に対する、第二の非難はこうだ。

だいたい人民というのは、もともと愚《おろ》かなもので、何が自分の利益であり幸福であ

4　元老　明治後期から昭和前期にかけて、首相候補者の推薦《すいせん》その他の重要な国務について、天皇を補佐した元勲《げんくん》（明治維新に大きな功績があって、明治政府に重んじられた）政治家。具体的には以下の九人である。伊藤博文・山県有朋・黒田清隆《くろだきよたか》・井上馨・松方正義《まつかたまさよし》・西郷従道《さいごうつぐみち》・大山巌《おおやまいわお》・桂太郎・西園寺公望《さいおんじきんもち》。

5　「広く会議を起し……」　五箇条の誓文（一八六八年三月一四日、明治天皇が公布《こうふ》した明治新政の五カ条の基本政策）の中の最初の一文。ただし、吉野の引用は字句が少々異なる。「広く会議を興《おこ》し万機公論に決すべし」とは、世の中の言論活動を広く自由に展開することを認めて、天下の政治は世論の向かう所にしたがって決定せよ、というほどの意味。

るかを知らない。むしろ人民の利益・幸福を熟知しているのは、少数の賢者である。したがって、実際の利害得失を比べると、「多くの人民の意向を聴いて行う政治は、少数の人たちの考えによって行う政治よりも劣っている」というのである。

この説は、最近の「立憲政治」の動向に逆行して、「貴族政治」[6]の昔に戻ろうと望んでいる一部の人びとが熱心に唱《とな》えていることだ。この説には、たしかに一理あるだろう。どんなに文明の進んだ国でも、およそ人民というものは、国民全体にとって何が利益であり、何が幸福であるかを、はっきりと正確には知らないのだ。[7]しかも数少ない賢者の中には、ほんとうに国のことを心配し心を悩ます人びとがいて、自分自身の幸福も利益も犠牲にして、ひたすら社会を構成するみんなのためを思って、力を尽くそうとしている者も少なくない。これは明らかな事実である。

少数の人びとに政治を任せてはいけない理由《わけ》

しかし、このように誰よりもよく人民の利益・幸福を知っていて、国家のために力を尽くそうという気持ちにあふれている人びとでさえも、やはりいちばん大事に考えているのは、大ざっぱに言ってまずは自分の利益である。この当たり前の事実を見すごしてはいけない。まして、賢明な人といえども少人数の仲間うちで、――しかも多くの人がまわりを取りまいてしっかりと見ているのではない、密室的な状況の中で――政権の運用を行うとなると、ともすれば弊害も出てくる。それは否定できないことだ。

だから少数の人びとに政治を任せて、多数の人民は安心している、ということになると、いつの間《ま》にか、いろいろな弊害が出てくるし、知らないうちにじつに不公平な制度などがつくられているようなことになる。

およそ政治にかんすることは、いったん「制度」が出来てしまうと、後になってその弊害がいかにひどいものであるかがハッキリしても、簡単にそれを改めることができないものだ。制度を改めることの難しさは、ちょうど女房《にょうぼう》を軽々《かるがる》しく取り換《か》えることが難しいのと同じだ。それだけではない。立派な人ほど、おいそれとは女房を換えないように、安定している国ほど、「制度」は簡単に改めることが難しい。だから、

6　貴族政治　19頁の注4参照。

7　この議論は、ルソーの『社会契約論』（第二編第六章　法について）にみえる考えである。

現在の制度によって不便、不利をこうむっている人は、いつも泣き寝入《ねい》りしなければならないことになる。

これをわが国の例でいえば、「塩の専売は悪い制度だ」ということであり、「石油消費税、織物税は悪税だ」というようなことである。この点は、政府も各政党各派も、みな同じようにそのとおりだと認めている。けれども、これらの制度を廃止した場合、では何を財源にしたらいいのかがわからない。それで結局、いつも廃止を見合わせることになる。こういうわけだから、政治は、ぜひとも制度をつくる最初の時に、十分に注意しなければならないのである。すなわち初めから注意して、少数の人びとのみが権力を握る政治にならないようにすることが必要だ。

しかしそれだけではない。今日では人民の知識・見聞も広くなり進歩してきた。昔のように人民が政治という「公」のことに無知で、冷淡だった時代ならば、少数の賢者に政治を一任するのもやむを得なかっただろうが、いまでは教育の進歩につれて、人民の知見も大いに開けた。政治、「公事」にかんする興味も、ふつうの人びとの間に大変強くなっている。よほど野蛮な国でない限り、人民の無知無学を理由にして、かれらを政治に係わらせないままに打ち捨てておくことは、今日ではもはや時勢が許さない。私はそう信じる。

ふつうの人に政治の専門的知識を要求する無謀さ――代議政治の意味

たしかに今日の「民本主義」は、人民の知識・見聞がかなり進歩・発達しているという前提に立っている。だが、かなり「進歩・発達」しているとはいっても、さまざまな政治問題について、積極的に自分独自の意見を述べることができるほどに、高度な発達をしているわけではない。

たとえば、海軍の規模を拡張させる問題とか、減債《げんさい》基金問題[8]とかがある。海軍拡張を認めるかどうか、また認めるとしても、どの程度にかといった問題や、八四艦隊[9]の利害得失についてはどうか、という問題がある。あるいは減債基金を五千万円に復旧する場合の利害得失はどういうものか、二千万円の鉄道資金はどのようにつくり出すのか、などといった細かい点は、専門の政治家でもいちいちその細かいことまできち

8　減債基金問題　日露戦争に際して日本政府は多額の公債を発行するに及んで、一九〇六年、新たに国債《こくさい》整理基金特別会計を設け、公債の返済に充てる特別の基金をつくった。

9　八四艦隊　大型戦艦《せんかん》八隻《せき》、大型巡洋《じゅんよう》戦艦四隻を主力艦として保有しようとする建艦計画。

んと理解しているとは思われない。今日の代議士の中には、これらの問題の意味すら理解していない者も少なからずあるだろうと思う。

ましてや一般の人びとに向かって、これらの問題にかんして細かい点まで正確に理解しろ、といってもまず難しいにちがいない。民衆がそれほどに高い知識や判断力をもっていなくても、民本主義の政治はできるのだ。もちろん民衆の知識・教養の程度は、高ければ高いほどよい。しかしそんなに高くなくても、民本主義の政治を行うのにさしつかえはない。

その理由は、あとでも述べるように、今日の政治は人民の代表を議員として選んで国会に送りこんで政治を行わせる代議政治という形で行われているからだ。代議政治を行う結果、今日では「私こそ人民の利害・幸福・考えを代表して、直接国政に参加しよう」と希望する仲間たちは、自ら進んで自分のいだく政治についての意見・考えを、人民に訴えて、人民の賛同を求めるということになる。

そこで人民は、冷静に自分たちの利益・幸福にとっての敵・味方のさまざまな政治にかんする意見を聴き、すなわち受動的に、どの意見・考えが真理に合っているかを判断できれば、それで十分なのだ。さらに敵・味方の双方の、人物・経歴・名声と人望つまり多くの人々がその人に寄せる尊敬や信頼などを公平に比較して、どちらの人物がよく国家のために力を尽くしてくれるか、国家の重大事を任せるに足る人物か、を間違いなく判断できれば、それで十分なのだ。この程度の判断は、それ相当の教育を受け、普通の常識があれば誰にでもできる。個々の具体的な政治問題について、必ずしも自分独自のはっきりした意見をもっている必要はない。この点について、今日の文明の進んだ国々の人民は、おおよそ「民本主義」の政治を行うのに十分な程度に、発達した知識・教養をもっていると断言してよい。

ところが「立憲政治」の運用が思わしくないと嘆く者は、その原因を、なにかといえば国民の政治にかんする知識や判断力がないからだという。最初にふれた高田早苗文相の訓示《くんじ》にもまた、そういう傾向がある。

けれども、私たちの見るところによれば、——もちろん、国民にもう少し憲法に基づいて行う政治、「憲政」なるものについての考え方をよく説明しておく必要はあると思うが、しかし——今日のわが国民は、「憲政」を行うのに十分な知識・判断力をもっている、と信じる。それでもなお、「憲政」の運用が思うようにいかないのはなぜか。その責任は、一般の人民にあるのではなく、むしろ社会を導く学識も経験も豊富な先覚者の考えと態度にあると考えざるを得ないだろう。

今日の元老・大臣以下の数ある政治家のうち、「憲政」の根底にある「民本主義」を徹底的に理解しているものが一体何人いるだろうか。さらに進んで、「民本主義」の忠実な召使《めしつか》いであることをもって名誉とするものが、はたして何人いるだろうか。社会の上流階層にいるものが、憲法に基づいて行われる政治というものの考え方、つまり憲政の根本的な考え方・大切な精神をほんとうに体得しない限り、「憲政」が確実に実行されることは難しい。

高田文部大臣が指摘したように、今日の人民が総選挙の場合などに、ときどき醜《みにく》く汚《きたな》い手段に惑《まど》わされて、不都合な行いをしでかしてしまうことがあるのは、私も認める。しかしこんなことも、じつは人民の罪というよりは、むしろ大部分は「制度」の罪であると思う。後ろめたい気持ちを感じることなく、平気で賄賂《わいろ》を受けとることの出来る地位に置かれて、しかも潔白《けっぱく》であり続けることが困難なのは、社会の下層に生きる人民も、宮内《くない》大臣も、海軍大臣も、同じである。「制度」の上で、醜くけがらわしい手段を使うことが出来ないようにしておけば、最も正直《しょうじき》で、賄賂などにも手を出さないのは、おそらく人民だろうと思う。

大きな弊害を生むもの――「少数の賢者によって行われる政治」「密室の政治」

さらになお、私は次のように指摘する必要もあると感じている。「少数の賢者によって行われる政治は、その名は美しいけれど、実際の弊害はあまりにも大きい」と。

世間の人びとは、なにかといえばこう言う。「賢者はつねに少数である。だから最良の政治は、その少数の人たちが行う政治でなければならない。逆に、多数の人びとが係わる政治は、「衆愚《しゅうぐ》政治」[10]になってしまう」と。これも一応は真理である。けれども、少数の人間だけで行う政治は例外なく、外部からは何をしているのかわからない「密室の政治」であることを忘れてはいけない。どんなに立派な人物でも、他人の見ていないところでは、ともすると過《あやま》ちを犯しやすい。することもなく暇《ひま》でボンヤリしていると、つまらない人間は、とかく善くないことをするものだ。「小人閑居《しょうじんかんきょ》して不善《ふぜん》を為《な》す」である。しかし不善を為すのは、なにも

10　衆愚政治　多数の愚民による政治の意味で、民主政治をさげすんだ呼び名。もともとは、古代ギリシアのアテナイでの民主政治の堕落《だらく》した形態をさした。

「小人」ばかりとは限らない。徳の高い、人として立派な「君子《くんし》」といえども、一人でいる時にその行いを慎重にすることは、昔から最も困難な修養とされていたではないか。まして、少数の人だけで行う政治といっても、いつでも聖者《せいじゃ》や賢者《けんじゃ》のような「君子」ばかりが政治の実際を担当するとは限らないのだから、なおさらそんな政治のやり方は認められない。

だから、どんな人物が政治の実務を担当するとしても、悪いことが出来ないような「制度」にしておく必要がある。すなわち悪事をしたくても出来ないようにすることが、「制度」の目的である。カネを貪《むさぼ》る機会が与えられれば、神聖な宮内大臣でさえも、賄賂を受けとったではないか。[11]

およそ政治にかんすることは、政治家が何をしているのか、誰にでも見える状況の中で、最も公明正大に行われるようにしなければならない。わが国では、金銭問題によって政治家としての「職業を汚《けが》す」問題が、いつもやかましく言われる。これは要するに、政治を秘密のうちに好き勝手に行うところから来る弊害である。多数の人びとの考え・意向を反映させるような政治の形式をとる場合でさえ、実際に政治を行う場面で細心の注意を払わなければ、ともすれば好ましくない事態が生じやすい。まして少数の人だけで行う政治などは、なによりもまず、「制度」としてそういう少数による政治のやり方を廃止しなければならない。

世間の人は、議会の不体裁《ふしだら》とか、議員の不体裁とかを挙げて、ややもすれば多数の人びとが意見を出し合い、その意向に沿って行う政治の醜《みにく》さ・汚《けが》らわしさを批判する。むろん多数の人びとがたずさわる政治にも、なんの訓練もしない人びとが政治活動をすれば、多くの弊害が生じるのは避けられない。ことに多数の人びとがたずさわる政治では、カネに左右されない訓練、好き勝手に政治を弄《もてあそ》ばない訓練を徹底しなければ、その弊害は、少数の人びとだけで行う政治よりも、むしろ大きいことがある。

しかし大ざっぱに言って、少数の人びとのみが権力を握って行う政治は、「密室の政治」だから、その弊害の多くは一般の社会に知られずに終わってしまう傾向がある。一方、多数の人びとが係わる政治は、「明《あ》けッ放《ぱな》しの政治」だから、わずかな欠点も誇張され批判されてしまう傾向がある。だから、最も公平かつ最も精密に、少数の行

11　神聖な宮内大臣でさえも、……　一八九八年（明治三一）から一一年間、宮内大臣をつとめた田中光顕《たなかみつあき》の収賄事件をさす。

う政治と多数の行う政治との、弊害の性質・分量を比較すれば、ひょっとすると少数が行う政治のほうが、多数が行う政治よりも、はるかに大きな弊害を生じているだろうと思う。

このように言えば、「民本主義」政治にとって、少数の賢者が存在する上流階級は、まったく無用のように誤解する人もあろうが、決してそうではない。少数の賢者が独立した一つの階級をつくり、大多数の人民と無関係にひとり勝手に政治権力を扱えば、もちろん弊害がある。けれども彼らがみずから謙遜《へりくだ》って多数の人民の中に入りこみ、多数の人びとの考え・望みにしたがいつつも、他方で多数の人民の精神的な指導者として政治・国家のことに力を注ぐとすれば、彼らは真に賢者としての役目を最もよく果たすことになるのである。

多数階級（下流階級）と少数階級（上流階級）の関係

そもそも大多数の人民によって構成される下流階級と、少数の人びとによって構成される上流階級との関係は、「形式」と「内容」の両面に分けて観察する必要がある。

最近の政治は、政治組織の「形式」からみれば、多数の人びとの考え・望み・意向を最も重視する。しかし社会をいかに構成するかという、その理想的な「内容」からみれば、もちろん「多数による専制」[12]を容認しない。「多数政治」と言っても、文字どおりの愚かな連中、いわば「衆愚《しゅうぐ》」の無分別な行動が、政治の世界を支配するようでは、国家の着実な発展は期待できない。

一方、大多数を構成する人民は、「形式」からみれば、どこまでも政治権力を動かす基礎であり、政治の世界の支配者でなければならない。しかし人民は精神的には指導者を必要とする。すなわち賢明な少数の人びとの判断に教え導かれる必要がある。そこで、数の上で多数を構成する人民が、立派な精神・考えを教えられ受けとる時に、その国家は本当にすぐれたものとなる。少数の賢者は、近代の国家において、まさにこの役目を果たすべきなのだ。

もし少数の賢者がその「賢さ」を誇ってお高くとまり、世間の外に立って超然としていて何をするということもなくぶらぶらしていたら、どうなるか。多数者の中に入って

12　「多数による専制」とは、A・トクヴィルの『アメリカのデモクラシー』（第一部第八章　連邦憲法について）に出てくる。

人びとを指導しようとしなければ、どうなるか。その場合には、彼ら賢者は自分のやりたいことを成し遂《と》げることができないだけではない。国家の進歩にとっても、なんの貢献もできずに終わるだけなのだ。彼ら賢者が、もし本当に国家・社会のために力を尽くそうと思うならば、その「賢さ」を使って、多数の人民を精神的に教え導き、それと同時にみずから多くの人びとのために働き、人民の力と勢いを伸ばすことを通して、結局は国家のために力を尽くす覚悟がなければならない。

「憲政」とは、多数の人民と少数の賢者が互いに補い合い、助け合う政治

このように、国家の多数を構成している人民と、それ以外の少数の人びととが密接な関係にある国、両者が互いに寄り添《そ》い、頼りにし合う国が、最も着実に発展するのである。少数の人びとだけで行う政治は弊害もあり、また今日かれらは政治における勢いを回復することもできない。だからといって、多数の人民が運営する政治は、少数の賢者の指導なしには、もともと十分豊かに発展できないものである。――要するに、多数の人民と少数の賢者がお互いに助け合って、初めて「憲政」は完全な発展が可能になるのである。

この「多数」「少数」関係を政治的にみれば、多数の人びとの意向・考え・望みが、国家を支配するのである。けれども、この関係を精神的にみれば、少数の賢者が国を指導するのである。ゆえにこれは「民本主義」であると共に、「貴族主義」であるとも言える。「平民政治」であると共に、一面ではまた「英雄政治」であるとも言える。

つまるところ、政治的な意味でいう「民本主義」が、精神的な意味でいう「英雄主義」と完全にまざり合って一体となったところに、「憲政」の花は見事に咲き誇るのである。だからもし、この「民本主義」と「英雄主義」二者の関係が、バラバラでかみ合わないとしたら、その国はけっして十分満足のいく発展はない。二者が親しみもなく、互いに遠ざかってしまうという苦しみを経験した国の例は、昔から数多い。

たとえば指導者のいない平民の、あとさきを省《かえり》みない行動は、革命の時にしばしば起こり得る暴虐《ぼうぎゃく》となって、国家をひどい苦しみに陥れたことは、革命当時のフランスをみればわかる。またたとえば、しっかりした考えも信念もない「衆愚」が、少数の悪知恵《わるぢえ》にたけた男に操《あやつ》られ、利用されて、国民全体の利益は踏みにじられて顧《かえり》みられないことは、現代のメキシコをみればわかる。

憲法に基づいて行う政治、「憲政」の精神を徹底させて、その成果をみんなで共に分かち合うためには、政策を決定する「形式」上の権力は、思い切って民衆にゆだねて、少数の賢者はつねに民衆の立場に立って、その精神的な指導にあたらなければならない。

日本における「優等階級」への不満――名実共に指導的な人間となるべし

ところがこの点について、私は大いに不満なのだ。何に不満かといえば、わが国の「元老」[13]をはじめとして、政策決定に影響を与えるような上級の国家公務員、いわば「官僚《かんりょう》[14]政治家」などの態度についてだ。なぜ不満かといえば、彼らは恐れ多くも皇室の特別な恩恵をこうむり、国家の優遇を受けていながら、その日本における最高の地位を利用して、無責任にも何かと政界に口出しするだけだからである。それだけではない。彼らはあえて自らを一段高い場所に置いて、民衆と触れ合おうとしない。それどころか、むしろ民衆の社会的、政治的な勢力を敵視するような態度をとっているからだ。

このように「元老」や「官僚政治家」たちが、近代政治の本質・その精神〔ふつうの人びとの利益・幸福をめざして行うのが政治であるということ〕を、理解していないのは、私たちが大変に残念に思うところだ。ことに彼らが少数の賢者としての社会的な役割と義務を果たさず、まったく民衆を教え導こうという自覚と責任感のないことは、国家にとって非常に不幸なことだと言わなければならない。

一般の民衆というのは、人が考える以上に、社会的・歴史的な栄誉や尊敬をこめた呼び名に対して、過剰なほどの敬意を払うものである。だから歴史的・社会的な権威をもつ貴族などが、実際にその実力において並外《なみはず》れて優秀な人間であり、そういう人間が集まって民衆を指導する役割をになうならば、民衆は喜んでその指導にしたがうものだ。

ドイツは、皇帝が支配する政治体制「帝政」である。したがって「民本主義」とい

13　元老　131頁の注4を参照されたい。

14　官僚　一般に「官僚」ということばは、「官吏《かんり》」と同じ意味に用いられることもあるが、厳密には、むしろ「官吏」のあるべき姿から逸脱《いつだつ》した場合をさすことばとして「官僚」を理解すべきだろう。吉野がここでいう「官僚政治家」とは、これに近い。吉野がここで批判しているのは、主に薩摩《さつま》と長州による「藩閥政府」であり、ことに山県有朋に関係の深い政治家たちのことであろう。

う、ふつうの人びとの意向を尊重して行う政治の実現を妨げる政治体制である。にもかかわらず、国家の勢いは大したものだ。その理由は、上《かみ》は皇族から下《しも》は貴族・富豪の末に至るまで、彼らがみな社会的にも歴史的にも優れた階級に属する人間だからであるが、それだけではない。実力の点でもまた、彼らは実際に優れた階級の人間にふさわしい。それで平民の敬意を集めていて、国家も勢いがあるというわけである。

残念ながら、わが国では社会的・歴史的に優れていると認められた人びとの集まりである「優等階級」は、必ずしも実力において「優等階級」でない。このこと自体、すでに社会のひとつの欠陥である。しかも本当に実力のある「優等階級」の人びとであっても、彼らの多くは、謙遜《へりくだ》って民衆の友となり、民衆の召使《めしつか》いとなることに満足しない。これはいっそう大きな欠陥である。

私は「憲政」の実り多い進歩のため、いや、社会・国家が勢い盛んにして栄えるために、少数の賢者に深く反省してもらいたいのだ。ことに貴族・富豪は大いに反省し、自らの役割を自覚してもらいたい。それだけでなく、年少者の教育に真剣に取り組んでもらいたい。何のために？　国家から受けている優遇に応《こた》えるために、である。

三つの非難、その第三

さて、「民本主義は、政策の最終的な決定を、人民の意向に基づくべきこと」にかんする第三の非難はこうだ。

「民本主義は、一般の人民、ふつうの人びとの意向・考えを重視するというけれど、一般人民の意向、つまり「民意」なるものはもともと存在しない。少なくとも「衆」愚は、自分の考えで主体的に動くということはない。少数の野心家に気持ちをあおられて、あちこちと定めなく振り回されることはあっても、自分から能動的にある一定の目標に向かって、意識的な活動をすることはない。だから「民意」を政策決定の基準とするなどというのは、結局は空論である」と。

「民意」は存在するのか——もちろん存在する

この論は、民本主義の理論上の基礎である「民意」の存在自体を疑うわけだ。そもそも「民意」なるものが本当に存在するのかどうかは、哲学上の、また社会学上の大問題だろう。もちろん「民意」は目に見えないし、「民意」という意思をもった、生きて歩いているひとりの個人が存在しているわけではない。だから目に見える個々の具体的なモノにこだわる懐疑派《かいぎ》[15]の学者は、多数の人民によって構成されている雑然とした集団に対して、それが意思をもつ、などということは認めたくないのだろう。彼らがそう考えるのは、もちろん少しも不思議ではない。

しかし、社会に存在するあらゆる事柄《ことがら》の本質を見抜く者にとっては、目には見えないが、この意思をもつ何ものかの存在を認識することは、けっして困難ではない。ただ、私たちの社会には、一つの問題に対してもさまざまな意見があるものだから、何が多くの人びとの支持する意見であるかを決めるのは、簡単でない。このように雑然とした社会の議論は、ちょうど時計の振り子のように、左右に揺れ動いて止まることがなく、ピタッと静止し安定するなどという日はない。とはいえ、注意深い観察者の目には、これらの議論も「ある一定の中心部の周りをグルグル回っている」ということがわかるのである。「懐疑派」の人は、議論が左右に揺れ動くことにしか注目しない。一方、私たちは議論の表面的な揺れ動きでなく、もっと深いところにある、しっかりして動かない議論の核心部分を理解する。

社会の多数の人びとに共通する意見、すなわち「輿論《よろん》」というものは、いま現在、自分の置かれている当の社会にあっては、それがどんなものか、なかなかわからない。

けれども、時間と空間をずらして、私たち自身を第三者の立場から眺《なが》めてみると、その社会の民衆は、何を希望し、何を目的として生きているか、おおよそ見当がつくものだ。

もちろん人それぞれ見るものは異なるから、何がその社会の「民意」であるか、必ずしも議論が一致するとは限らず、一致しない場合もある。そうではあるがしかし、今日学界の多数説は、ともかくも「民意」が実際に存在することを疑わないようである。この点は、さらに学問上の議論をたたかわせる必要があるが、専門的になりすぎるので省略する。

私がここで言いたいのは、要するに「民本主義」の主張は、一部の論者が非難するような、実在しない「民意」という仮定を前提としたデタラメな説ではない、ということだ。さしあたりそれだけを理解してもらえれば十分である。

以上で私は「民本主義」に対するあれこれの非難に反論した。そして政治権力は、

15　ここでは、ある特定の哲学流派をいうのでなく、たんに何ごとにも疑いをもつ人びと、というほどの意味に近いだろう。

結局のところ「民意」を最重視して運用しなければならないことがはっきりしたと思う。

さてそこで、次にはいよいよ実際に「民本主義」を政治に応用したら、どうなるかを研究する段階に移る。

人民の代表者を議会へ——「直接」でなく「間接」政治ということ

前にいうとおり、民本主義は「国家を構成する多数の人民の意向や望みに基づいて、政策を決定するべきだ」という考えなので、もしこの考えを徹底しようとすれば、理屈の上では人民全員が直接、政権に係《かか》わらざるを得ない。しかしもちろん、事実上それは不可能だ。

人民の中から代表者を議会に送りこんで政治を行わせる「間接政治」ではなく、国家を構成する人民全員が係わって政治を運営していく「直接政治」は、古代ギリシアの都市国家[16]では広く行われていたと言われる。たしかに、限定された狭い地域で、人口も少ない古代ギリシアの小国家ならば、「直接（民主）政治」も可能だっただろう。しかし、それでも人民全員が参政権[17]をもっていたわけではない。女性と未成年男子に参政権は与えられていなかったようだ。いや、成年男子といえども、都会の住民すなわち市民でなければ、やはり参政権が与えられていなかったのである。というのは、都市国家は徐々にその領土を拡大していき、都会の周辺へと広がっていったけれど、その新しい領土の住民たちはみな奴隷として扱われて、少しも自由を与えられなかったからである。だから古代の小国家においてさえも、人民の「直接政治」は文字どおりには行われ

16　都市国家　都市それ自体が政治的に独立し、一個の国家を形成しているもの。古代ギリシアの諸都市は「ポリス」と呼ばれた。ただし古代ギリシアで「直接民主制」が成り立つためには、市民数に限度があった。しかも、古代ギリシアの「参政権」は世襲的な市民の「成年男子」に限られていた（さらに詳しくは、吉野作造自身が本文で述べているような具合であった）。最も多いアテナイの場合でも、成年男子市民が三万から四万人程度。理論的には数千人程度が理想と考えられた。

17　参政権　国家権力（統治権）の行使に参加する国民の権利の総称である。狭い意味では、選挙権・被選挙権だけをさすこともあるが、ふつうは国民投票、国民審査など直接民主制的な諸権利も含める。「参政権」は自由権、受益権、社会権と共に、近現代の憲法において保障されている国民の権利の一種。

なかったのだ。まして今日のように、人びとの住む区域も広範囲にわたり、しかも膨《ぼう》大《だい》な人口をかかえている国家では、人民が「直接政治」を行うなどということは、とてもではないが不可能だ。

未成年者と女性を除いて、「直接政治」にたずさわることが出来るのは、「公民権[18]」をもつ男子に限るとしても、その数はかなりのものである。もちろん、この「公民権」をもつ男子全員を一人残らず直接に政治に参加させることが最も「民本主義」の主張に合うようにみえるけれど、実行することはまず不可能だ。

そこで今日では、人民は間接的に政治に係わるだけであり、「直接政治」に係わるのは、人民から選ばれた代表者である。すなわち代表者に政治の一切を任せるという方法であり、これが今日いう「代議《だいぎ》政治」である。いいかえれば、人民全員が「直接政治」に係わるのは煩《わずら》わしくもあり、また無理でもあるので、選挙によって自分たちの代表者を選びだし、「代議士」として国会に送りこみ、人民の代わりに「直接政治」を行わせようという方法である。この方法は、人民から見れば一種の「間接政治」であり、代表者が政治を行うという点から見れば、「代議政治」である。

こういうわけで、今日の「立憲政治」を行う諸国では、「代議政治」が「民本主義」的な〔すなわち、ふつうの人びとの意向・考えを最重視するという〕政治の唯一の形式となった。

18　公民権　公民（国政に参与する資格・地位からみた国民の呼び方。英語の citizen）としての権利。国会または地方公共団体の議会や長にかんする選挙権・被選挙権を与えられ、それを通して政治に参与する地位・資格などをさす。

代議政治

ここで、いままで述べてきたことをまとめるとこうなる。「民本主義」の要求を徹底的に貫き、実現しようとすれば、人民による「直接政治」でなければならない。しかし今日の国家でそれを行うのは、実際には不可能だから、変則的かもしれないが「代議政治」という方法がとられるようになったのだ」と。

「代議政治」の意義は何か

すると、ここに新たな疑問が出てくる。すなわち「代議政治」は仕方なく採用されるのか〔「代議政治」の消極的意義〕、それとも、「直接政治」よりもいっそう「民本主義」の精神を実現できるから採用されるのか〔積極的意義〕、という疑問である。

より詳しくいえば、「代議政治」なるものは、「「民本主義」の理想を完全には満たさないけれど、ほかに適当な方法がないから、やむを得ず仕方なくこの方法をとっているのだ」ということなのか（代議政治は「消極的な意義」しかもたないのか）。それとも、「なんらかの事実によって証明された結果として、むしろ「代議政治」のほうが「直接政治」よりも良い結果を得られるのだ」ということなのか（代議政治は「積極的な意義」をもつのか）という問題である。

まあいずれにしても今日、「代議政治」を止《や》めることはできない。これは疑いない。ただ、この制度・方法の「価値」については、いま述べたように、消極的な意義しかないのか、または積極的な意義をもつのか、という二つの考えがあり得るのである。

イギリスの場合

イギリスの学者や政治家は、「代議政治」をほめ讃《たた》える者が非常に多い。もっともイギリスの政治学には、間違った理論も多いけれど。それでもしかし、イギリス人は政治上の諸制度がうまく機能しているかどうかという実際的な判断については、おおよそ間違うことがない。「代議政治」についても事情は同じである。

すなわちイギリスでは、「代議政治」が「民本主義」の要求に合うかどうかは、理論上は、あまり突きつめて考えられていない。だが実際の運用上は、「代議政治」という「間接政治」はうまく機能していて、人民による「直接政治」のほうがむしろはるかに弊害が多いことは、知識と判断力をもつイギリスの識者たちには、早くから認識されていた。

かれら識者は「代議政治」であるからこそ、一般の国民は自分たち自身ために国内の少数の賢者を利用することができる、と信じていた。他方でまた、識者は「代議政治」の制度があるからこそ、国内の少数の賢者たちも人民の監視の下に自分の好き勝手な行動を抑制し、その才能を十分に発揮することができる、と信じていた。かりに「国内の民衆が全員、国会に行って積極的に議論に参加しよう」としても、それは事実上不可能であるし、「国民を一人残らず、何が何でも政策決定の議論に参加させよう」としても、それはけっして得策ではない、ということを、かれら識者はよく知っていた。

人民だれもが理想的なほど十分に知識と判断力をもつようになり、国家のあらゆる問題について、自分なりの意見をもち、それを積極的に表現できるようであれば話は別だが、事実はそうでない。そこで実際の政治の運用は、少数の人びとに託すことになるわけだ。いいかえれば、多数の人民は、一方では、少数の賢者の意見・人格をしっかり見定め、批判し、だれを代議士に選ぶかを間違わないようにし、他方では、少数の賢者の中から自分たちが選んだ代議士を監督するということによって満足するほかない。

そうだとすれば、今日の人民、一般の民衆の知識と判断力の水準から考えると、「代議政治」は、最良の政治であり、いきなり「直接政治」に行くのはむしろ危険だというべきである。ただ、「代議政治」は、民衆の代表者が存在する仕組みなので、この政治制度の利害得失は、代表者をどう組織し、どう運用するかによって、結果はちがってくる。

けれども「代議政治」を、抽象的な議論として考えて、この政治のやり方は、たんに仕方なしに取られた方法にすぎず、消極的な意義しかもたないもの、と見てはいけない。「代議政治」はたしかに「間接政治」だが、この方法そのものの内にじつは、「直接政治」に優《まさ》る美点もあると言えるのだ。そして特にイギリスではそのように考える人が多い。その理由の一つは、イギリス人が「代議政治」の運用に失敗することなく、この政治制度によって実際にかなりの成功を収めているためでもあろう。

イギリス以外の国々の場合

イギリスとは異なり、「代議政治」の運用がうまくいかない国々では、「代議政治」が現在望みうる最良の政治制度だという議論は盛んではない。では、そういう国々で盛んな議論は何か。それはこんな説である。

「民本主義」の理想からいえば、人民の「直接政治」がいちばんいい。でもそれは不可能だから、やむを得ず少数の代議士を議場に送って政治を行う「代議政治」を採用したのである。

だから「代議政治」は、「民本主義」の理想・要求のいちいちを完全に現したものではないから、やはり「代議政治」には「代議政治」なりの固有の欠点があるわけだ。とはいえ、私たちはいま、これ以上によい政治制度を知らないので、仕方なく「代議政治」という制度を採用しているにすぎない。私たちは、そもそも「代議政治」によって「民本主義」の要求を完全に満足させることはできないのである。それはもう初めから認めざるを得ないことだ。

こう考えてみると、私たちが「代議政治」によって引き起こされるさまざまな弊害に苦しむのは、何の不思議もないことだ。

この説はわが国でもよく聞くが、西洋ではヨーロッパ大陸の諸国でしばしば耳にすることである。この説を主張する人びとは、なんとかその弊害を少なくしようとして、いろいろな改良策を研究してきた。いや、彼らだけではない。代議制度を「現在望みうる最良の政治制度だ」と考える人びとでさえも、それでもしかし「現在の代議制度は改良しなければならない」として、改良策を研究していたのである。つまり「代議政治」に積極的意義を認める人も、消極的意義しか認めない人も、「代議制度は、より良いものに変える必要がある」という点では一致していた。

では両者は何がちがうのか。

現代の「代議政治」に弊害をもたらす原因、いいかえれば、この制度の短所・弊害はどこから来るのかにかんする見解が、ちがうのである。すなわち「代議制度」に消極的意義しか認めない人たちは、その原因を、この「制度そのもの」に欠点があるからだという。「代議制度」に積極的意義を認める人たちは、「制度そのもの」にはなんの欠点もなく、ただこの制度の「仕組み」と、その「運用」の仕方がよくないからだという。だから改善の必要があるのだと。

「代議政治」に弊害をもたらす原因は何かについては、いま述べたように意見がちがうけれど、「代議制度」積極派も消極派も共に、同じような点に着目し研究していたのである。たとえば「選挙法を改正すべきだ」とか、「議院の組織を改善すべきだ」とか。ところが「代議制度」消極派は、最近になってだんだんと極端な考え方になり、ついには「代議制度」はまったく無用だとまで言い始めた。あるいは「代議政治」を根底から揺るがすような新制度を採用すべきだという人まで現れる始末。

「代議政治」批判の理由《わけ》——「サンディカリズム」の考え方によれば……

「代議政治」無用論者の中には、「貴族政治」[1]の昔に帰りたいと思っている人があることはすでに述べた。こういう人は、「民本主義」を否認するか、または少なくともこの主義にもとづく政治を、そもそも変えようというのだから、ここでは問題にしない。

ここで問題にするのは、「民本主義」政治を正当なものと認めながらも、この主義に極端なまでに忠実でありたいとの理由から、「代議政治」を無用とする説である。それはこういう説である。

「代議政治は、民本主義の理想に一致しない。いままではほかに適切な政治制度がなかったから仕方なく我慢《がまん》していたけれど、代議政治の弊害は非常に大きい。今日に至っては、もう我慢できない。代議政治は、民本主義の要求に応《こた》えてくれる味方のように見えて、じつは敵なのだ。だから民本主義をあくまでも忠実に行いたいのならば、代議政治を真正面《ましょうめん》から否認せざるを得ないのだ」と。

この議論の代表的なものは、最近フランスで起こり、イタリア、イギリス、アメリカ合衆国などにもはびこりつつある「サンディカリズム」[2]の議論である。彼らの主張はこうだ。

「多くの場合、選挙をするという段階ですでに、選挙する人と、選挙で選ばれる人つまり代表者との間で、どちらが主人でどちらが召使《めしつか》いなのか、支配関係がゴチャゴ

1 貴族政治 19頁注4参照。

チャになってしまう。そのため、一般の民衆の意思・意向を正しく代表して、議会でそれを表現するということは、いつもほとんど不可能となってしまう。だから代表者を国会に送る「議会制度」は、民本主義の理想を、けっして完全に実現するものではない」と。

こういう考え方によって、「代議政治」が本当に有効な政治かどうかを疑い始めた。それだけでなく下層の労働者たちも、いままでの経験を通して、議会が労働者の言うとおりに動くことなどまずあり得ないと、つくづく実感したのだった。

もともと下層の民衆は、数の上では中流・上流の人びとよりもはるかに多い。だから彼らは「代議政治」の行われる社会では、ごく単純に計算すれば、自分たちの代表者は当然、議会で多数を占めるにちがいないと考えた。そしてみんなで集まって社会党[3]というものをつくったのである。

ところが実際は、彼らが議会に送りこんだ代議士の数は、思ったほど多くなかった。しかも代議士はいったん当選してしまうと、自分を選んでくれた大多数の労働者の意向を聞くよりも、むしろその選挙区の有力者、資産家の意向のほうに左右されがちである。

その他いろいろ細かい理由もあるが、ともかく初めに考えられていた、代表者を議会に送りこんで、社会の下層に生きる民衆の考えや意向を実現させようという「代議政治」への期待は、経験に照らしてみると、夢想にすぎないものとなってしまった。「代議政治」をたのみとするのは、「木に縁《よ》りて魚《うお》を求む」（まるで木の方に近づいていって、魚を獲《と》ろうとする）ようなものなのだ。いやそれ以上に困難なことである――。

「政治反対」とは何か

ここに至って、すぐにも変革を行おうとする労働組合主義者「サンディカリスト」である下層の人民たちは、叫ぶ。「「代表」などという名前に惑《まど》わされて、代議士を信

2　サンディカリズム　「サンディカ」syndicat（フランス語で組合の意）の形態をとる社会的運動をさす。一九世紀末から二〇世紀初めにかけて、西ヨーロッパ、ことにフランスで盛んだった急進的労働組合主義。労働組合が一切の政党活動を排除し、「ストライキ」（罷工《ひこう》＝仕事をしないこと）や直接行動によって産業管理を実現し、社会改造を達成しようとする立場。日本では、幸徳秋水による最初の紹介（一九〇六年）、大杉栄《おおすぎさかえ》、荒畑寒村《あらはたかんそん》らの「センジカリズム研究会」（一九一三年発足）の活動を経て、本格的な組合運動が登場したのは一九一〇年代末である。

3　社会党　社会主義または社会民主主義の政党。

用し、安心するのは危険だ」、「議会によって私たち下層階級の目的をかなえようなどという考えは、断じて捨てさらなければならない」――そして彼らは「政治反対」の主義を掲げた。

「政治反対」とは、選挙で選ばれた代議士たちが行う、あらゆる政治に反対ということである。「政治反対」を叫ぶ人たちは言う。「国家が労働者に選挙権を与えるのは、まるで砂を投げて私たちの目をくらますようなものだ。このウソにまんまと引っかかって、労働者の敵と一緒に政治を行ってはいけない」と。

この点では、社会主義者に対してさえ、「政治反対」論者は、激しい反感を示している。というのは、社会主義者は「選挙」制度を否定せず、「選挙」において、ほかの階級と争うからである。急進的な労働組合主義者「サンディカリスト」は、選挙に立候補した者がたとえ社会主義者（すなわち人民の側に立って政治を行おうと主張する者）であっても、断じてその社会主義者に投票してはならない、と説きすすめる。

「直接行動」とは何か

では「政治反対」論者は、一体どんな手段によって自分たちの目的をかなえようというのか。それは「直接行動」である。そしてこんな風に説く。「やれ「選挙」だ「議会」だといっても、それらは結局は国家によって作られた間接的な制度であり設備だから、ダメだ。労働者は当然、自分で直接に、また実際に自分の力に訴えて、目的を達成しなければならない。だから自分の思っていることを、選挙や議会をすっ飛ばして「直接の行動」で示せ」と。

その「直接行動」だが、今日これはまったく腕力の形式をとっている。それについて彼らは言う。「私たちは直接行動を必ずしも暴力によって表現するつもりはない。けれども今日、上流階級の人間こそ、腕力によって私たちを圧迫しているのだから、そうである以上は、私たちが圧迫された状態からみずからを解放し、みずからを防衛する活動も、同じように腕力という手段を使うのは仕方ないだろう」と。

こうして「直接行動」派は、示威運動《デモ》をし、同盟罷工《ストライキ》をする。また、ことに罷工《ひこう》は、鉄道、石炭を掘り出す事業、電力など、人びとの日常生活に直接、すぐにも影響を及ぼす種類の仕事を選んで行う。つまり最小の労力で、最大の苦痛を社会に与えて、自分たちの要求を社会に受けいれさせようと試みる。かれらは国家を無視し、現に「労働者に祖国はない」と言い、「愛国という美しい名目に惑わされて、上流階級の奴隷となってはいけない」と教えている。

したがって、戦争などの、一国の存在そのものが危機に直面した場合でも、かれらはわざと武器弾薬《ぶきだんやく》の製造所などに狙《ねら》いをつけ、そこで働く人びとをあおり立てて、ストライキを起こさせたりして、国家にきわめて大きな被害や苦痛を与えようとする。

戦争の時に、直接それに関係のある労働者に総同盟《そうどうめい》罷工《ひこう》[4]を実行させようとするのは、長年の急進的な労働組合主義「サンディカリズム」を素晴らしいと信じる人びとの、願いであり、この願いは毎年の運動方針を決める時にも現れていた。

「人民投票」の説とは何か

右の話は極端だが、これほど極端ではないにしても、「代議政治」の欠点を認めてこれに重大な補正を加えようとする説がある。かの「人民投票」〔「国民投票」〕という制度である。この説は次のようなものである。すなわち――

「民本主義」は、その本来の考え方からすれば、国民が直接、政策の決定に係わったほうがよい。けれども、どんな問題にもいちいち国民の意見を聞くのは事実上不可能だ。しかし、だからといって代表者が議会で話し合う「代議政治」にばかり任《まか》せておいては、「民本主義」の求める政治〔多くの人びとの考え・意向にしたがって行われる政治〕は、十分に機能しない。ときどき「民意」に反する政策が可決されてしまうのは、そのためだ。

ではどうするか。国民にそれほど影響を与えない日常の事務的な政策については、いままでどおり「代議政治」に任せることにする。しかし国家の重大事、ことに国民の生活に直接かかわり、しかも重大な影響を及ぼすような事項は例外とし、そういう例外的な事項に限って、国民全体の投票、「人民投票」で決定するのである。「人民投票」によって、「代議政治」の欠点を補《おぎな》って、少しでも多く「民本主義」の要求を満たすようにしたい。

以上のような考えから、最近「人民投票」が、さまざまな国でだんだん唱えられる

4 総同盟罷工 「ゼネラル・ストライキ」(general strike) ともいう。全国の全産業の労働者がいっせいに「ストライキ」を行うこと。一都市または一産業部門全体の労働者が協同して行う大規模の「ストライキ」にもいう。

ようになってきたのである。ただし、一口に「人民投票」と言っても、細かくみれば、二種類がある。[5]

「イニシアティーヴ」と「レファレンダム」

一つめは、西洋語にいう「イニシアティーヴ」[6]（国民発案《はつあん》、直接発案）というもの。すなわち、人民がみずから進んで、ある種の立法を議会に申し立てること。これは近年、スイスや米国の二、三の州でみられるもので、まったく新しい制度である。

二つめは、西洋語にいう「レファレンダム」（人民投票、国民投票）というもの〔これは「イニシアティーヴ」が《人民の発案→議会への申し立て》であるのとは逆に、《議会の決定→人民による賛否投票》である。すなわち、議会で決定したことを、人民に相談し意見を聞くという制度である〕。

これらの制度が「代議政治」の欠陥を補正するという意味で、憲法上で認められたのは、まだ最近のことであり、一九世紀の中ごろ以降である。ただし制度そのものはすでに一五、六世紀のころには、スイスの諸州で[7]広く行われていた。

近代的な意味でいう憲法〔国家の構造・国家の基本的な考えを提示したもの〕の上で

「人民投票」が認められたのは、一八四八年、スイスのシュウィーツ州が最初であり、次が一八六九年、同じくスイスのチューリヒ州、そして以降、スイス各州に広がったと言われている。一八七四年のスイス連邦憲法も、「人民投票」を認めている。

ただ、この制度も細かくみれば、「義務的」なものがあり、「選択的」なものがある。「義務的」なものとは、ある種の問題は必ず「人民投票」の結果で決めなければならない、というものである。「選択的」なものとは、人民の一定の人数以上からの要求

5　以下の本文で、吉野作造は「人民投票」(=「国民投票」)を、「イニシアティーヴ」と「レファレンダム」の二種に分類して説明しているが、今日ふつうにいう「人民投票」は、前者「イニシアティーヴ」を意味せず、後者「レファレンダム」だけをさす。

6　「イニシアティーヴ」直接民主制の一形式。一定数の国民が立法に関する提案を行う制度。国民発案。直接発案ともいう。

7　スイスの諸州　スイスは州(カントンKanton, canton)からなる連邦国家。一八四八年、連邦憲法が制定され、二六のカントンが存在(一九七九年以降、二六のカントン)。「諸カントンは、その主権が連邦憲法によって制限されない限り、主権を有し、かつ連邦権限にゆだねられていないすべての権利を主権者として行使する」(スイス連邦憲法第三条)とうたわれており、今日でもスイスの人びとには「スイス人である前にカントン人である」との意識が強い。吉野作造の記述も、その点をふまえていないとよくわからないだろう。

があった場合、またはスイス連邦に属する諸州の一定数を超えた州からの要求があった場合に、「人民投票」を行うというものだ。

とはいえ細かくみれば場合に応じてさまざまだから、こういう場合はこうだと単純に分類することはできない。ただはっきりしているのは、スイス諸州では、昔から州（カントン）という行政形態の中で「人民投票」が行われていた、というだけのことである。「代議政治」の欠点を補正するために、というような新しい考えによって「人民投票」が作られたわけではないということだ。スイス連邦憲法が「人民投票」を認めているのも、本当のところ、たんに昔からの惰性《だせい》で認めているにすぎないのである。

だから、「「代議政治」の欠点を補正するために」という新しい考えに基づいて「人民投票」を採用した最初の憲法としては、一九〇一年一月一日に施行されたオーストラリア連邦の憲法をあげる必要があろう。

この憲法は第一二八条で次のように定めている。――「およそ憲法の改正案は、まず議会の各院において、絶対多数によって通過し、それから、二カ月以上六カ月以下の期間内に、各州において[8]下院議員の選挙権を有する人民の票決によって賛否が問われなければならない」。

このオーストラリア連邦の憲法のほかには、「人民投票」を実際の制度として採用している憲法は、あまりない。

「人民投票」が採用されない理由《わけ》

なぜ、実際にはあまり「人民投票」制度が採用されていないのか。おそらくそれ

8 下院 二院制の議会において「上院」と共に立法機関を構成する機関をいう。下院は、ふつう国民から選挙で選ばれた全国民の利益を代表する民選議員によって組織され、上院に比べて任期が短く、多くの場合、解散によって民意を問い直す制度を備えている。明治憲法の下での日本でいえば、下院は「衆議院」であり、上院は「貴族院」である。

吉野作造がすぐあとで述べる、イギリスの例は、この上院・下院を頭において読めばよい。ただ、吉野は上院を「貴族院」、下院を「衆議院」と言う場合もあって、同じ意味で別のことばが使われている例もある（それは上・下議院の場合に限らないが）。

要するに「上院」＝「貴族院」、「下院」＝「衆議院」である。もちろん人民によって選ばれた代議士が所属するのは、「下院」＝「衆議院」である。「上院」＝「貴族院」は、吉野がしばしば使う言葉でいえば、上流階級の人びと、少数の賢者たちだけが特権的に所属する。

は——理論は別として——、実際に「人民投票」を行うことがきわめて不便だからであろう。そもそも人民全員に意見を聞くということは、問題を「賛成」「反対」の二《ふた》通《とお》りで決められるような、最も単純な形にしなければ実行できない。しかもこの方法を実行するのはきわめて困難であり、かつ不便である。

もっとも、土地が狭くて人口が少ない地方の町や村ならば、比較的行われやすい。とはいえ都会であっても、住民が密集している地域ならば、どうにか実行できるだろうが、そうでない村落《そんらく》では、「人民投票」をするのはじつに難しいということである。

地方公共団体が「人民投票」を行う例は、スイスではかなりしばしば見かける。では、その結果はどうかといえば、まあ公平に言って、非常に不都合でもないが、といって「代議政体」の欠点を補うというほどの、大きな利益もまたない、とのことである。ということは、「人民投票」とは、なんとも面倒くさい手数《てすう》をかけてバカげた無用なことをする、ということにすぎない。

こんな風に見られているので、「人民投票」は、実際の政治ではあまり有益な結果を出していないのが現状である。にもかかわらず、今日の欧米諸国ではいまだに、「人民投票」こそは「代議政治」の欠点を補うことができるものだという議論が、ときどき唱えられている。

このように、「人民投票」は「代議政治」の欠点を補うとはいうものの、実際の有効性はきわめて少ない。それだけではない。「人民投票」をあまりに多用すると、代議制は根底から揺《ゆ》らいで、満足できる十分な発達が妨《さまた》げられるおそれがある。だから「代議政治」が比較的うまい具合に運用されている国では、「人民投票」を認めるべきだという声は、いままであまり聞かれなかった。

近年のイギリスで「人民投票」が求められる理由《わけ》

ところが最近になって、不思議なことに「人民投票」を行おうという主張が、「代議政治」の本場、最もうまくこの政治制度を運用しているかと思えるイギリスで、盛んに唱えられるようになった。それで、こう言う人もある。「イギリスでさえ、この有り様なのだから、「代議政治」は、いよいよもって世界中から信用を失いつつあり、いまこそまさに滅び去ろうとしているのだ」と。

しかし、表面的な観察はしばらく措《お》いて、イギリスで、なぜ、そしてどのようにして、「人民投票」を採用すべし、という議論が盛んになったのか、その理由をいくらか詳《くわ》しく考えてみよう。すると、私たちは「あのイギリスでさえ」云々《うんぬん》という論者の説が、必ずしも正しくはないことがわかるだろう。なぜならば、近年のイギリスで「レファレンダム」（人民投票、国民投票）が唱えられている理由は、次のとおりだからである。すなわち、自由党[9]による激しい統一党[10]批判をかわすことを目的として、統一党がこの「レファレンダム」を言いだしたからである。

イギリス議会のいざこざ——統一党と自由党の対立、その略史

イギリスでは、人も知るとおり、上院・下院という二院制のうち、「下院」では選挙の結果しだいで、統一党が多数派になることもあれば、自由党が多数派になることもある。両党がそれぞれ交代して政権をとる可能性があるわけだ。

ところが「上院」はちがう。「上院」はつねに統一党が議席の五分の四以上を占めて政権をとり、自由党と政権交代することがない（以下の説明を理解するためにも、「上院」はつねに「統一党」が支配している、ということをよく覚えておいてください）。

したがって、統一党が内閣を組織する時には（内閣を組織するのは政府であり、政府は「下院」の中にある。だから統一党が内閣を組織するとは、統一党が「下院」の多数派を

占めるということである）、政府（つまり統一党）の考えと、上下両院の議論とは簡単にまとまりがつく。

だから問題となるのは、自由党が「下院」で多数派を占めて政府となる時である。自由党が政府として政権を担《にな》っている間は、自由党政府は、つねに「上院」での多数派である統一党の反対にあうことになるからだ。現に自由党政府は、グラッドストン[11]以来、いつも「上院」の反対に苦しんだものだ。

9　自由党　イギリスの政党。王権と民権との抗争の激しかった一七世紀に組織された議会主義政党（ホイッグ党）を前身とし、一九世紀中葉に同党の急進派を中心に改称。グラッドストンのもとで絶頂期を迎えた。第一次大戦後衰退。

10　統一党　イギリスとアイルランドの合同を維持しようとする立場の人々、政党をさす言葉。もともと自由統一党という。一八八六年から二〇世紀の初めにかけて存在したイギリスの政党。ここで吉野が取りあげるイギリスの事例の背景には、「アイルランド問題」（端的にいって、アイルランドはイギリスから自治を取り戻すのか否か、イギリスはそれを認めるのか否か、という問題）がある。

統一党は、アイルランドの自治を認めることに反対であり、自由党は賛成である。ここでの要点は、統一党と自由党とが敵対関係にあるということ。その点を押さえれば、吉野の説明はよくわかるだろう。

現在の自由党政府も、先年、まずロイド・ジョージの財政改革案にかんして、上院と大衝突をひき起こした。そして、こんどの第一次世界大戦前には、だれでも知っているように、例の「アイルランド自治問題」〔アイルランドに自治を認めるのか・認めないのか〕について、またしても上下両院が反発し合うという事態になった。[12]

こういうことが続いて、自由党政府は、統一党がつねに多数派を占める「上院」をこのままの状態にしておいては、どうしても自由党政府の政策は実行することができないと考えるに至った。そこで現状を打ち破るために、まず二つの制度改革案をつくって、上院に受けいれるよう迫った。

第一の改革案は、あらたに数百人の新貴族をつくって、これによって上院における自由党員の数を、統一党のそれよりも多くしようという案だ。第二の案は、衆議院〔下院〕の決定に対しては、一定の条件の下で、上院は必ずそれにしたがわなければならない、とする案である。

自由党はとりあえず、第二の案を成立させようと考えた。すなわち、第一の案は、貴族院〔上院〕に根本的・革命的な改革を加えるものなので、最後の手段として取っておくことにして、まず第二の案、つまり「議会における下院の優位性」を訴えることによって、貴族院〔上院〕と争うことにしたのである。

この第二の案をさらに詳しく言えば、こうだ。「財政」に係わる法案については、下院の決定が絶対であって、上院は異議を唱《とな》えることができないこととする。また、それ以外の法案については、下院で三度続けてその法案を可決した場合には、たとえ上院が否決しても、国王の「裁可《さいか》」〔つまり法案可決を認めるとする国王の意思表示〕を得て、法律にできることとする、と。

第二の案については、また後で詳しく述べるけれど、ともかくも自由党政府は、いま述べたような案をもって、上院で自由党に反対する党〔統一党〕に対して、この案を受けいれるよう迫った。もし受けいれなければ、仕方ないことだが、先にみた第一案によって、政府は新たに自由党所属の多くの貴族をつくり出して、貴族院〔上院〕を根本的に改革すると脅《おど》した。

11　グラッドストン（一八〇九〜一八九八）　一九世紀のイギリス自由主義を代表する最大の政治家。
12　ロイド・ジョージ（一八六三〜一九四五）　イギリスの自由党政治家。吉野が本文でいう「財政改革案」とは、一九〇九年、海軍増強と社会政策の財源を「富裕者の税負担に求める」画期的な〝人民予算 People's Budget〟のこと。もちろん保守層からは大反対されたが。

この時、在野党（統一党）の党内には、むろんいろいろと異論もあったけれど、結局、かれら在野党は、自由党政府の提案（さきの第二案、つまり「上院に対する下院の優位性を認めること」）を憎々《にくにく》しく思いながら、受けいれることにした。なぜなら貴族院の組織に致命的な打撃を受けるよりは、まだましだと思ったからである。

イギリスで「人民投票」（「レファレンダム」）が叫ばれた理由《わけ》

ところがこの時、統一党の議員の中には、有無《うむ》をいわせぬ自由党政府によるこの提案の強制に対して、どうにかしてこれを受けいれなくてもすむような方法はないか、と考えたものがある。その方法がすなわち「人民投票」である。

しかし、そもそもこの問題（「上院に対する下院の優位性」を認めること）を主題として、自由党と統一党は総選挙を戦ったのであり、結果は（統一党にとっては）不幸にして政府派、すなわち自由党の勝利となった。政府党（自由党）が多数を占める下院では、この選挙結果にしたがうほかはない。

がしかし、きわめて稀《まれ》ではあるが、ひょっとして「人民投票」によって、この結果をひっくり返すことができるかもしれない。しかも「人民投票」は一見すると、人民の意見を重んずるという、英国本来の政治の考え方とよく適合している。さあそこで、統一党の連中は万が一の思いがけない幸運を祈って、一《いち》か八《ばち》か最後の決断を「人民投票」に賭《か》けてみようとして、この制度を主張したのである。だから必ずしも「レファレンダム」こそが、本来よく人民の意見を重んずる制度だから、これを使おう、などということではなかったようだ。

右の例と同じ理由から、この「レファレンダム」を使おうという考えが、去年の春ごろに、特にやかましく唱えられた。すなわち、「アイルランド自治問題」にかんする議決の際のことである。

前にも述べたように、上院の権限を大はばに縮小する法案は、一九一一年八月、国王の「裁可《さいか》」を得て「議会法」として発布された。さてこんどはこの「議会法」によって、政府はいよいよ「アイルランド自治問題」を解決しようと強く決心している。もともとこの問題は、グラッドストン以来、自由党・保守党の両党が火花を散らして争ってきた歴史的な難問である。これで負けては大政党の面目が丸つぶれだ。そこで反対党〔保守党〕はあらゆる手段を使って、自由党政府の施設に妨害を加えた。ついにはアイルランド北部の地方、アルスターの統一党員をあおり立てて、内乱を起こさせようとさえした。イギリス貴族のカーゾン[13]などは、みずからイギリスの正義のため戦闘軍の首領《しゅりょう》になって戦おうと、大きなことを言って、アイルランドへと向かったのであった。

というわけで、ちょうど第一次世界大戦の直前、イギリス政界の危機はほとんど頂点に達した。この様子を見たドイツは、もはやイギリスは国外の世界の状況を顧《かえり》みる余裕などあるまいと想像した、とさえ伝えられている。「アイルランド自治問題」は、それほどまでにイギリス国内を混乱させる大問題であったから、統一党はなんとしてもアイルランド自治の実現を妨《さまた》げようとし、そのための手段として「レファレンダム」の説を叫びだしたのである。

在野党〔統一党〕は主張する。

「これほど重大な問題は、できるだけ丁寧に取り扱い、念には念を入れるのが当然である。そのためには、議会の決議だけでは不十分だ。そのほかに直接、一般の人びとの意見も聞いて、かれらの考え、つまり民意を慎重に見きわめてから、結論を出すべきだ」と。

このような口実をもうけて、統一党党員たちは熱心に「人民投票」をするべきだと主張したのである。

さて、そこでイギリス国内の混乱がはっきりすると、政治家の中にはこの混乱を大変に心配するものがあり、あるいは、政府である自由党と、在野の統一党とのあいだに立って、親切にも両党の折り合いをつけようとするものさえあった。その際にも、両党が妥協する条件として、やはり「レファレンダム」に訴えてはどうか、というものがあった。

在野党〔統一党〕はこうも主張する。「この方法でいよいよ負けたとなれば、その時には潔《いさぎよ》く降参《こうさん》しよう。けれども「レファレンダム」によって、民意がどういうものかを、はっきりさせない限り、たとえ議会の下院では賛成多数で〔アイルランド自治を認めると〕可決したとしても、その決定をそのまま認めることはできない」と。

このような理由によって、イギリスでは最近「レファレンダム」が主張されたので

13 カーゾン（一八五九〜一九二五）イギリスの政治家、旅行家。保守党員。一八九九〜一九〇五年インド総督。一九一九〜二四年外相。

ある。ここまで述べてきたイギリス議会の歴史をふり返ってみて、はっきりわかるのは、イギリスの政治家はべつに「レファレンダム」自体が素晴らしい制度であると考えているのでもなければ、「代議政治」の欠点を補うのに有効だと考えているのでもない、ということだ。

「代議制」は改善が必要だ

以上のように、今日「代議政治」にかんする考え方として、この制度に固有の欠点があるとするものがあり、その中にはこの制度自体をまったく認めないものがある。あるいは「代議政治」に大きな補正を加えようというものもある。だが実際には、これらのどの説もそれほど説得力をもっていないことはすでに明らかだろう。

いや、しかし「代議政治」の欠陥を認める人たちの議論はこれで尽きたわけではない。なかには「代議制」に関連するさまざまな制度をいろいろと改善して、この制度を欠点のない完全なものにできるとする議論も、いまだに相当強く唱えられている。

この事実には、私たちはやはり注意しなくてはならない。しかもこの種の改善論は、すでに述べたとおり、「代議政治」そのものには欠陥がない、と考える人びとの間でも唱えられている。

要するに、「代議政治」には固有の欠陥があると考える人も、この制度こそは「民本主義」の要求を完全に満たす性質をもつものだと考える人も、「代議制」が現状のままではダメだ、ということでは意見が一致している。

いいかえれば、かれらのだれもがいまのままで何の改善もしない「代議政治」では、「憲政」〔憲法に基づいて行う政治〕の本来の意味・目的を達成できない、という考えで一致している。早い話が、今日では「代議政治」はさまざまな改善が必要だということは、だれでも知っているのだ。だからこそ、私たちはさらに努力し研究して「憲政の考え方・精神をすみずみまで徹底させて、立派な成果をあげなければならない」というのである。

それならば質問する。「いま現在の代議政治に対して、私たちがすぐにも取りかからなければならない改善とは、どの部分の、どのような改善なのか」。

人民から代表者（代議士）を通って政府へ

「代議政治」においても、政治を動かす根本的な力をもっているのは、人民であり、ふつうの人びとでなければならない。にもかかわらず、どのような形式の政治でも、実際に政治権力を運用するのは、つねに広い意味での「政府」である。しかし「政府」の行動に対して、人民が直接、指揮監督《しきかんとく》するのではない。直接に指揮監督するのは、「代議士」という代表者であり、これが「代議政治」の特色である。したがって「代議政治」は、この代表者が十分に「民意」を尊重し、しかも適切に政府の行動を取り締まり、指示をあたえるということが、いちばん重要な働きとなる。

そうだとすれば、私たちは「代議政治」について、二点に注意せざるを得ない。一つは人民と代議士との関係であり、二つは代議士と政府との関係である。この〈《人民―代議士》《代議士―政府》〉二種類の関係が、「民本主義」の考え方〔すべては人民の幸福のために、という考え方〕によって最も適切に組み立てられている時、「代議政治」の運用はうまくいく。

ところが立憲政治が行われている多くの国では、不幸にして、しばしばこの二種類〈《人民―代議士》《代議士―政府》〉の関係がうまくいっていない。そのため「立憲」に関連するさまざまな制度は、形は整っているけれど、うまく運用されていないし、「民本主義」の考え方に背くものもまた、きわめて多い。

そこで私たちは、この二種類の関係をそれぞれ詳しく吟味《ぎんみ》し、どこに欠陥があるのかを調べなければならない。そして、もともと「憲政」がもっている利点の発達を妨げている要素を見つけだし、取りのぞかなければならない。

人民と議員との関係

人民と議員との関係で最も大事な点は、「人民がつねに主人」の立場であり、「議員は必ず人民に仕《つか》える人」の立場だということである。この関係を誠実に守り通していくことは、憲政を運用する上で最も大事なことだ。憲政の弊害のすべては、この関係の逆転から生ずる。たんに《人民—議員》関係だけではない。《議会—政府》関係もまた同様である。

「政府」の行動を監視し、取り締まるべき「議会」が、逆に「政府」に言いくるめられて自由に操《あやつ》られてしまう時、多くの弊害が生じる。同様に、「議会」の行動を監視し、取り締まるべき「人民」が、「議員」に丸めこまれて操られてしまう時、憲政の運用は、数々の見苦しい腐敗《ふはい》に満ちあふれてしまう。政府は議員の利益になる話を持ちだして、かれを政府の有利になるよう誘《さそ》い、議員は議員で人民の利益になる話を持ちだして、人民を惑《まど》わし操《あやつ》る、という調子で、「主人」と「仕える人」がその地位を逆にして、憲政の政治組織は、どこもかしこも悪徳で満たされることになる。

それゆえに、私たちはなによりもまず、《人民―議員》関係をもともとの正しい状態〔「人民が主人」「議員は仕える人」〕にするよう注意しなければならない。そうでなければ、私たちはこれまで長年のあいだ政界で害となってきたものをはらい除《のぞ》いて清める、いわば「政界の廓清《かくせい》」を行ったり、憲政が当然そうなるはずの進歩を見とどけたりすることはできないのだ。

では、どういう適切な方法があるだろうか。さしあたり三つあると思う。

第一、選挙に対する正しい考え方を教え広めること。

選挙に対する正しい考え方を教える必要があることは、かつて拙著《せっちょ》『現代の政治』[1]の中の「議員選挙の道徳的意義」という文章で述べたことがある。関心のある読者は

1　『現代の政治』一九一五年刊行の吉野作造の著作。同書の九八～一一七頁に「議員選挙の道徳的意義」が載っている。

この本を参照してほしい。いま一般読者のために、簡単にその話の要点をいえばこうだ。

もともと「道徳」に、「選挙道徳」だの「商業道徳」だのといった、いろいろな種類の道徳があるはずもない。けれども、人間が長年のあいだ生きていくうちには、生活に係わるあれこれの事柄《ことがら》にかんして、一定のしきたりや習《なら》わしが出来てくる。それがほとんど無意識のうちに一種の社会的な圧力となって、人びとの行動を支配し抑制する。だから人びとは、それ相応の道徳上の義務を守って暮らすことになる。

ところが、これまでに見たこともないような何か新しい事柄が出てくると、それに対する習わしやしきたりは、もちろん存在しないので、その新しい事柄にかんする道徳上の義務などまったく気にもかけない、ということになりがちだ。たとえば日本人同士での商売ならば、人としてふみ行うべき道、「道徳」なるものを守るけれど、外国人相手の商売となると、まったく約束を守らないというようなことが起こるのは、右に述べた理由による。同じ理由から、「選挙」という新しい制度・事柄の運用にあたっては、ともすると私たちは、「道徳」つまり「本来このように行動すべきだという規範」を守れないところがある。

私は、平均的な日本人の道徳に対する考えが、全体としてみれば、何ともひどいものだとは思わない。けれども選挙についていえば、――これが新しい経験・事柄だからだろうか――当然に行うべきことを行っていないし、また行うことを無視しているのを残念に思う。そう考えるので、国民に向かって「選挙に対する正しい考え方を教え広めること」は、非常に重要であり必要なことだと、私たちは感じるのである。

それなら、どんな点を国民にしっかり理解してもらうのか。

投票という行為の意味三つ

一つは、私たちが選挙で投ずる一票が――わずか一票では、いかにも無力のように見えるけれど――実際は「国家の運命に係わる重大な価値をもつ」ものだということである。投票するという行為はあまりにも神聖なものなので、ほんのわずかな金銭に影響され、また脅迫などに影響されて、だれに投票するかを左右されるなどというのは、じつにバカげているということだ。

二つは、「投票は国家全体のためにするものであって、一地方のためにするものではない」ということだ。地方の利益だけを考えて投票するのは、しばしば国家全体の利益を犠牲にする結果となるおそれがある。

三つは、「選挙は私たちの特権であって、候補者から頼まれてするものではない」ということ。私たち自身がみずから進んで、よく人民の意向・考えにかなう候補者を、国家に推薦《すいせん》するのだということである。

この三点を、しっかりと人民の頭に入れることが、今日きわめて大切なことだ。なかでも、第三番目の点は最も大切だ。この点がはっきりしていないと、往々《おうおう》にして選挙で腐敗した手段〔買収や脅迫など〕が、のさばり、はびこってしまうからだ。いいかえれば、選挙して代議士を選びだすことが自分の「特権」とは考えない結果、田舎《いなか》などでは小作人《こさくにん》[2]が地主や資本家などの言うとおりになってしまうという現象が起こる。また、選挙人を強制的に投票所に連れだすために、投票勧誘人《とうひょうかんゆうにん》すなわち運動人[3]なるものが必要になり、さらに候補者に「自分に投票してくれ」と頼まれれば、そのとおりに投票するという考えがあって、その結果、戸別訪問《こべつほうもん》[4]というバカげたことが流行したりもする。これらすべては、選挙で投票するという行為がどういうことなのか〔自分の神聖な「権利」だということが〕、はっきり理解されていないから起こることである。

立憲政治の下で行われる選挙で、堂々とした立派な候補者が戸別訪問をしたり、多くの運動員をつかったりするということは、けっして国家にとって誇りではない。しかも選挙運動の弊害の原因は、つねに運動員にあることはいまさらいうまでもない。もし一つの町、一つの村のすべての選挙民が、わずか二、三の金持ちの言うとおりになるようでは、そこには秘《ひそ》かに買収や脅迫や戸別訪問など、腐敗した手段が盛んに使われているはずだということは、問うまでもなく明らかだろう。

それゆえに、世間の教育者や、ほかの人びとより先に物事の道理や重要性を知って行動を起こす人びとと一緒になって、私たちは国民に対して、あらゆる機会に、選挙に対する正しい考え方を教え広めていきたいと思うのだ。もし文部省の当局者に、教育機関を通じて国民に対して「立憲思想」〔憲法に基づいて、政治を行うものが好き勝手

2　小作人　地主から土地を借り、小作料を払って農業を営む人。

3　運動人　この場合、候補者を当選させるための活動をする人。今日ではふつう運動員という。吉野もすぐ後の本文で、運動員という言葉も使っている。

4　戸別訪問　ここでは選挙運動の一つをさす。候補者が家を一軒一軒訪問し投票を呼びかけること。買収や利害誘導などがおこりやすく、候補者の側にもさまざまな負担となり、投票も情実に支配されやすくなるなどの弊害がある。

に出来ないよう政治権力を制限しようという考え」を教え広めていきたいと考えるものがあるならば、なによりも「選挙に対する正しい考え方」こそを、徹底して教える必要があるだろう。

人民に選挙権を、そして自ら考える自由を与えよ

しかし、本当に徹底して「選挙に対する正しい考え方」を国民に理解させ、広めようと望むのだったら、実際にもっと多くの人びとに選挙権を与えなければならない。

選挙権を与えられる人間の数を極端に限定しておきながら、選挙権の有り難さ、その価値の尊さを説明しても、そもそも選挙権をもたない多くの国民は、「そんなの自分に関係ない」と思い、興味関心をひかれないのも、ある意味で当然かもしれない。

それはちょうど徴兵制《ちょうへいせい》を国民の義務として課されていないイギリスで、労働者は、〔自らは戦場で生死をかけて戦うことがないので〕戦争に対してじつに冷淡なのと同じことである。

だから選挙に興味をもたせて、「選挙に対する正しい考え方」に注意を向けさせるためには、どうしても選挙権を広く一般の人びとに与えることが必要である。このことは、後に選挙権拡張を論ずる時に、さらに詳しく説明する機会があるだろう。

選挙権拡張に関連して、もう一つ注意すべきなのは、人民に対して、さまざまな意見を公平に聞く機会を与えなければならないということだ。いいかえると、「思想の自由」「言論の自由」を尊重して、人民がさまざまな立場や、考え方、ものの見方にふれられるようにし、その中から、人民みずからが自由に選択し、自由に判断できるようにすることが必要だ。私がまえに「選挙に対する正しい考え方を教え広めること」が必要だと言ったのは、つまり国民自身に最も公平な判断をさせるためであり、利益や脅迫に左右されないことを望むからである。

しかし、せっかく苦労のすえに人民が「選挙に対する正しい考え方」を理解したとしても、「言論の自由」が重視されず、ある種の考え方、ことに「民本主義」の要求にはあまりよく応《こた》えられないような考え方だけが、人民の目の前に提出されるようでは、やはり選挙が国民の意向をよく反映するような、いい結果を得ることはできない。

立憲政治の妙趣《みょうしゅ》、なんとも絶妙な特色は、さまざまな考えや意見を自由に競争させて、その中からどれを選ぶかは人民の良心に任せている点にある。それらの考え・意見の、優れたものが勝ち、劣ったものが負けるという「優勝劣敗《ゆうしょうれっぱい》」の原理によって取捨選択《しゅしゃせんたく》され、それが人民の良心のうしろだてのもとに、実際の政治で行われる点にある。そうなるためには「言論思想の自由」が必要だ。したがって、私たちは「選挙に対する正しい考え方」を教え広めるだけでなく、同時に「言論思想の自由」を尊重し、またそれを尊重させなければならない。

「思想言論の自由」に対する社会的な圧迫をなくそう

ところで、ここにいう「自由」とは、たんに法律上の自由だけでなく、社会上の自由も意味している。[5]「思想言論の自由」に対する圧迫は、政府からしか来ないものだと思うのは間違いだ。しばしば、民間からも来るものである。政府の圧迫は、比較的わかりやすいし、防ぎやすい。ところが、民間というか、一般の人びとによる「思想言論の自由」への圧迫は、しばしば「多くの人びとに共通する意見」、つまり「輿《よ》論《ろん》」という形で現れるので、それに対して教えさとして落ちつかせる、ということがなかなか困難な場合があるのだ〔というのは、なにしろ「多くの人びとに共通する意見」は法律上の違反でもなく、したがって罰則もないからである〕。

たとえば先年、乃木希典《のぎまれすけ》[6]大将が切腹《せっぷく》した際に、この行為に少しでも疑問の声をあげるものがあれば、国民は激しくののしり、迫害して、とうとう疑問を投げかけたものの家に、石を投げ込むという行為に出たことがあった。これなどは、乃木大将の徳を素晴らしいこととする、悪気のない考えによるのだろうが、しかし他方からみれば、これは明らかに「言論の自由」に対する圧迫、感情に引きずられ理性を失った行為の一例である。こういう行為こそ、新しい時代の国民が、自らよく注意し戒《いまし》めなければならない行為である。これらの点も、私たちは高度な知識と判断力をもつ人びとと共に、大いに力を尽くして、国民に反省してもらわなければならない点である。

以上のことは、知識人とか、ほかの人よりも先に何が重要なことかをさとって世を導く人とかが、広く国民と共に努力することによって達成できることであり、最も根

5　このあたりの議論はジョン・スチュアート・ミルの『自由論』（第二章　思想および言論の自由について）を思わせる。

6　乃木希典（一八四九〜一九一二）　軍人。陸軍大将。長州藩士。日露戦争で第三軍司令官として旅順を攻略。後に学習院長。明治天皇の大葬《たいそう》（葬儀）当日、自邸で妻静子と共に殉死《じゅんし》（「殉死」とは、主君が死んだ時、あとを追って臣下が自殺すること）。井上ひさしの痛烈な評伝劇『しみじみ日本・乃木大将』がある。

本的で重要な点である。そのほかにこれと関連して、制度の上で次の二点を改善すべきである。一つは選挙の取り締まりにかんして、二つは選挙権拡張にかんしてである。そこで、こう言おう。

第二、選挙法の中で、選挙違反取り締まり規則を厳重にし、しかもこれを徹底して実行する必要があると私は主張する。

しばしば言うように、「憲政」の運用にいちばん不安を感じる点は、主人と仕える人が逆になることである。議員が人民をうまく言いくるめて自由にあやつってしまえば、必ず腐敗と悪政がはびこってしまう。これとは逆に、人民が議員をよく支配すれば、その時初めて憲政の運用はうまい具合に進む。だから、議員と人民との間で行われる〔買収とか脅迫《きょうはく》とかいう〕醜《みにく》きたない手段については、特に厳罰をもって対処する必要がある。

刑法ではこの犯罪ならばこの程度の罰に相当するという場合に、それと似た犯罪であっても、選挙法では、刑法が与える罰以上に重く厳しい罰を科する必要があるということだ。そうしなければ、憲政は十分に発達していくどころか、あともどりして、世の中は悪政が好き勝手にふるまうところとなってしまう。ゆえに、選挙違反を取り締まる規則は厳重にし、なおかつ厳格に実行することがきわめて必要なのである。

この点には世界各国どこでも共通して、注意を払っている。詳しいことは、各国選挙法の比較研究にゆずるけれど、日本の選挙法も、この点についてはじつはかなり厳しく作られている。ただ残念ながら、選挙違反の取り締まりの実行のほうはまだ不十分である。ことにひどいのは、政府みずからが、政府与党、つまり自分の党の選挙運動に対しては、違反があっても大目に見ようとする傾向があることだ。私は、この点〔個人的な感情がからんで、公正な処置が行えないこと〕を最も好ましくないものとして嫌う。選挙犯罪は、犯罪の具体的な事実をできるだけ厳しく問いただして、責《せ》めとがめるようにしなければ、「憲政」がいい結果をもたらすことはない。

もう一つ、選挙違反の取り締まり規則について注意すべきなのは、立憲政治では、たとえば収賄罪《しゅうわいざい》〔不正な意図で他人に金品《きんぴん》（賄賂《わいろ》）を贈《おく》ったり受け取ったりする罪〕のような場合、金品を「受け取る」側よりも、「与える」側の罰を重くしなければならないということである。

人間というのはいくら立派になっても、誘惑《ゆうわく》をこうむりやすい地位につくと、人情としてどうもこのような罪を犯しやすいものである。だから、どんなに選挙に対する正しい考え方を教え広めても、賄賂などを使うものがいるのでは、選挙が清く正しく実施されることは期待できない。現に買収の歴史をみても、投票する側の人間が金品を求めたのではなく、つねに議員をめざす候補者のほうがこれを提供しているのである。したがって、おおよそのところ人民に罪はない。金品を「与える」ものがあるからこそ、受け取ることにもなるわけだ。

しかし賄賂を与えたり受け取ったりする行為は、選挙をいかげんなものにするだけではない。だんだんと選挙が自分の特権であるとは考えなくなっていき、それがまた原因となって、ますます選挙という制度が腐敗してしまう。だからこそ、選挙違反の取り締まり規則は、金品を「受け取る」側の人間よりも、これを「与える」側の人間に対して、厳罰を加えなければならないのである。

第三、選挙権はできるだけ多くの人びとに与えることが必要である、と私は主張する。

選挙権が限られた人びとにしか与えられていなければ、堂々と腐敗した手段が使われてしまう。ところが選挙権が最大限にまで拡張される、つまりほとんど誰にでも与えられるとなれば、人数が多すぎてとても買収しきれなくなってしまう。候補者はいままでと同じように腐敗した手段——カネその他の利益——だけによって、選挙戦を乗り切ることもできなくなるから、そうなって初めて、ようやく真面目《まじめ》に、候補者は、自分の考えや、ものの見方などを、つつみ隠《かく》すことなく民衆に訴えて、ほかの候補者と競争するということになる。別の面からいえば、この競争は、国民が「政治とはどういうものか」についての教育、「政治教育」を受けられる大変よい機会を提供することにもなる。

今日のように、選挙権が限られた人びとにしか与えられていない状態では、候補者は、自分の考えとか、ものの見方などを訴えなくても、当選する可能性がある。それで政党などでさえも、一般の人びとへの政治教育をおろそかにしている。だから、選挙を清く正しく実施させるという点からみても、人民の知識をふやし、判断力の向上をはかるという点からみても、選挙権の拡張はきわめて必要であると私は信じている(『現代の政治』五一～五六頁参照)。

とはいえ、選挙権の拡張は、いま述べた理由だけでなく、選挙の本質にかかわる理想上の要求としても唱《とな》えられている。どういうことかというと、そもそも「選挙」は、広く国民全体の代表者を選ぶというのが、本来の目的であり考えである。おもしろみのないガチガチの法律論からいえば、選挙は他人への依頼ではないし、代議士は国民の代表者でもない、というかもしれない。けれども政治の上からいえば、代議士が立派に国民の代表者であることは少しの疑いもない。したがって代議士はある一部の階級に属する人びとだけの代表者であってはならない。それがつまり、選挙権を与えられる人びとは、多ければ多いほどよろしい、という理由である。

むかしは天賦人権論《てんぷじんけんろん》[7]などを考え方のよりどころとして、すべての国民が生まれながらにして参政権をもっているのだと主張するものもあったけれど、もういまではこの論が通用しないのはいうまでもない。また、人によっては、今日広く国民のだれにも選挙権が与えられなければならない理由として、国民が「納税」と「兵役」の義務を負担しているからである、というものもある。だがもちろん、この論も誤りだ。なぜならば、選挙権はもともと国家に対して国民が自分の義務を果たしたことへの、埋め合わせ・償《つぐな》いとして与えられるものではないからだ。したがって、これらの理由を議論の根拠として、選挙権の普及・拡張を説くのは間違いである。

けれども、選挙の目的がもともとは、議員を選んで「国民全体の利益を代表させることにある」という政治上の根拠は、いまも昔も変わらない。そこで私たちはこの本来の目的に照らして、できるだけ多くの人びとに選挙権を与えるのが、正しくて道理にかなっていると考えるのである。

もっとも、「できるだけ多くの人びとに選挙権を与える」といっても、必ずしもだれかれに関係なく無制限に与えよ、という意味ではない。選挙の目的を達成するために、必要上または都合上、ある種の制限をつけることは認めなければならない。たとえば、おさない子ども、正気を失った人、犯罪者、貧民救助を受けるもの、破産宣告を受けたものなどは、選挙権を与えられる対象から除外しなければなるまい。また、一年以上同一の選挙区内に住んでいることを要するという条件なども、一つには選挙人名簿作成上の都合から、二つには住所の定まらない浮浪者《ふろうしゃ》を除外するために必要であろう。

7　天賦人権論　すべて人間は生まれながらにして自由・平等であり、幸福を追求する権利（自然権 natural rights）をもつという思想。一七～一八世紀の自然法学者や啓蒙思想家によって主張され、アメリカ独立宣言やフランス人権宣言において明文化された。日本では明治初期の啓蒙思想家や自由民権論者に受け継がれた。

そのほかに、女性に選挙権を与えるかどうかというのもあるが、これは将来に結論が出される問題である。今日のところ、選挙権はおよそ世界的に共通して、成年男性だけに与えられている。

もっとも、女性に参政権〔選挙権〕を与えている国もないわけではない。たとえばロシアのフィンランド議会、[8] オーストラリア連邦およびその各州、ニュージーランド、アメリカ合衆国の中のいくつかの州などは、女性に参政権を与えている。ヨーロッパの独立国としては、ノルウェーがすでに女性参政権を認めている。ただしノルウェーでは最初は、女性にだけかなりの制限を加えて選挙権を与えていた。しかし一九一三年以来、男性と同じように「普通選挙制」[9] を採用することにした。そしてこれらの国々を別にして、今日少なくとも「女性参政権」にかんする議論は、ヨーロッパ各国で盛んであることはよく知られている。

だがしかし、なんたることか、このように理論上の要求としては「できるだけ多くの人びとに選挙権を与えなければいけない」という結論が出ているにもかかわらず、最近の世界各国の中には、実際のところ、選挙権が与えられるための、さまざまな制限をもうけている国も少なくない。その理由はいろいろあるが、主なものは次の二つだろうと思う。

選挙権を制限すべきだとする人びとが挙げる理由二つ——その一

第一の理由は、たとえ成年男子だけを考えてみても、彼らの中にも権利を行使するのに適していないものが多数いる、というのである。

どういうことかといえば、「選挙」という「公権」（憲法で認められた「個人がもつ、国家に対する権利」）を実際にうまく使いこなすことができるほど十分な知識や判断力

8　ロシアのフィンランド議会　一八〇八年、ナポレオン戦争に関連して、ロシア皇帝アレクサンドル一世は、フィンランドに出兵。一八〇九年、フィンランドはロシアに割譲《かつじょう》され、ロシア皇帝はフィンランド大公を兼ねたが、フィンランドには自治を許した。そのフィンランドの議会でのことをいう。

9　普通選挙制　身分・性別・教育・信仰・財産・納税などの条件によって、選挙権を与える人を限定しない選挙制度。日本では一八九〇年代末ごろから普通選挙権獲得運動が組織され、第一次大戦後の民主主義思想の普及と労働者・農民運動の激化とに支えられて、一九二五年、男性にかんしては（ただし二五歳以上）、実現をみた。女性にも選挙権が認められるのは太平洋戦争敗北後である（男女とも二〇歳以上）。二〇一五年、一八歳以上に改められた。

をもっていない人間も少なくない。だから制限選挙は悪くないとするのである。だが、この説は教育水準の非常に低い国には適用できるかもしれないが、今日の文明国では、もはや通用しない意見だ。その上、今日の「立憲政治」は、べつに人民に対して非常に高度な専門的知識や判断力を要求するわけではない。このことはすでに前に詳しく述べた通りである。

選挙権を制限するためのモノサシ二つ――「教育」と「財産」

いま仮に「選挙権という権利を行使する」のに適していないものもいる、だから制限選挙も悪くない、という意見に一理あるとしてみよう。では、「権利行使」に適する人かどうかは、何によって「分ける」のか。右の説はこの点がはっきりしない。今日、実際に使われている「分ける」ためのモノサシを見ると、二つある。すなわち「教育」と「財産」。

「教育」というモノサシ

選挙権を与えるための必要条件として、「教育」という観点を絶対的なモノサシとするものがある。つまり一定の学校教育を受けたものでなければ、選挙権を与えないというのだ。しかし今日、学校教育を受けたかどうかだけで、その人に教養があるかどうかを「分ける」ことはできない。そもそも学校教育が非常に普及している今日、このモノサシは大して有効ではないかもしれない。いずれにしても「教育」を選挙制限のモノサシとする考えは、時代遅れである。

しかし「教育」にかんして、こういう考え方もある。――「教育」というモノサシは、「財産」というモノサシに代わり得るという考え方だ。すなわち、まず「財産」というモノサシによって選挙権を与えられない人がいるとしよう。だが、そういう人に対しても、一定の「教育」があれば、特別に選挙権を与える、とする考えである。これは「財産」による制限が厳しい国には必要な制度だろう。現にハンガリーではこの制度が行われている。わが国でも大隈重信《おおくましげのぶ》内閣はこれを採用しようという考えがあると言われている。

またこの制度を、「複数投票」[10]を与える条件とするものがある。どういうことかというと、ふつう国民はだれでもみな一人一票の投票権をもっているが、一定の教育を受けたものには一人に二票も三票も与えるというものである。現にこれはベルギーおよびドイツのザクセンで行われている。[11]この方法は理論としては面白いが、実際には特権階級をたすけ、守ることに悪用される傾向がある、として、この制度を採用している国々においてさえも非難されている。

選挙権を制限するためのモノサシとしての「教育」、その考え方は、以上の三種類があるが、要するに「教育」上の制限というのは、つまるところ、あってもムダなもの、「蛇足《だそく》」にすぎないと思う。けれど、この制限はそう大した弊害はない。あまりに高いハードルでとても超えられないような制限でない限り、教育が普及した今日では、「教育」による選挙制限などというのは、あってもなくてもほとんど同じなのである。

「財産」というモノサシが問題

ところが、制限選挙のモノサシが「納税額」または「財産上の制度」ということになると、話はちがってくる。この金銭的な観点からする選挙制限こそは、今日の世のなりゆきに合わない、まったく道理にはずれた制度なのだ。なぜなら、今日では財産があるか・ないかは、もはやその人に教養があるか・ないかを分ける、有力なモノサシではないからである。

ただし、選挙権を与えるための必要な条件として、「財産」または「納税額」による制限がもうけられるようになった歴史には、それなりの理由がある。この制度が始まったイギリスの国会をみれば、その理由がわかる。イギリスの国会は、もともと法律に基づき国民から強制的に徴収する収入である「租税」を承認し、国家予算を討議するための機関であった。だから、初期のイギリス国会では、租税を納《おさ》めないものは、そもそも議員となる必要がなかったのである。

だが今日の国会は、昔の国会とはもうまるでその意味が変わってしまっているのだから、まさか昔と同じ理由で、昔と同じように「納税額」の多少をモノサシとして、選挙権を与えるかどうかを法律で定める、ということはもちろんできなくなった。

10　「複数投票」　選挙人の財産、門地《もんち》（家柄《いえがら》）、教育そのほかの条件によって、一人に複数の投票権を認める制度。イギリス、ベルギー、オーストリアなどの諸国で採用されていたが、現在はみられない。

11　ザクセン　吉野の原文では「サキソニー」と英語風に表記している。ドイツ東部の州。ライプチヒ、ドレスデンなどを中心とするザクセン州一帯。

今日でも、「財産」によって選挙権資格の制限を行おうと望めば、どうなるか。「恒《こう》産《さん》なきものは恒心《こうしん》なし」〔『孟子』滕文公上。「一定の生業や収入のない人は、つねに変わらない道徳心を持つことができない」〕とか、財産による制限をもうけなければ、一定の住居や職業をもたない浮浪者《ふろうしゃ》が、政治権力にかかわって好き勝手をする危険があるとかいうような、理屈をでっち上げなければならない。

けれども、浮浪者が政治権力を好き勝手にあやつる危険は、前に述べた通り、一定期間、一定住所に生活するものでなければ選挙権は与えられないことにすれば、そういう問題は生じない。また、一定の財産をもっていることをモノサシとして、たんに機械的に「恒心」のある〔つねに変わらない道徳心を持つ〕人と、そうでない人とを分けることは、事実上不可能だから、結局はこの種の「財産」による選挙制限は、今日、何の意味もなくなってしまったと言わざるを得ない。

だから選挙権を与える人びとの範囲に多少の制限が必要だとしても、「財産」があるか・ないかは、制限のためのモノサシとして、理にかなっていないのは、今日ではあまりにも明らかだ。それならば、一体どういうモノサシが選挙権を制限するために有効なのかは、きわめて難しい問題である。けれども今日、多数の人びとが支持している説にしたがえば、そもそも選挙権を与えるのに何らかの「制限」をつけること自体が、もはや合理的な根拠を失いつつあるのだ。

選挙権を制限すべしとする人が挙げる理由二つ――その二

しかしこういう理由を挙げて、制限すべしというものもある。「選挙法の目的は、一つには代議士としてふさわしい人を選びだすことにある。しかしだれがふさわしい人であるかは、多数のふつうの人びとには決めることができず、少数の賢人だけに可能なことである。だから選挙権を制限し、少数のものにだけ選挙権を与えることは、選挙法の目的にかなっている」と。

この説は、選挙権を極端に制限して、一代議士を選びだす場合に、選挙人がせいぜい一〇人とか二〇人とかに限られているのならば、ひょっとしたら道理にかなっていると言えるかもしれない。しかし、いまの時代のように何千人も何万人もが係わるような大規模な選挙では、制限選挙も普通選挙も、じつは五十歩百歩、そんなに違いはないと言わざるを得ない。だから、ことさらに制限選挙でなければ、代議士としてふさわしい人が得られない、という実際の根拠はない。

では、選挙人を非常に少なくすればいいのかと言うと、この場合、一見良いように思えるけれど、実際はむしろ、どちらが「主人」で、どちらが「仕える人」かという関係が逆転して、しかもその逆転した形に慣れさせられて、悪い行為が習慣的になりやすい。「仕える人」であるはずの候補者が、不正な手段を使って「主人」であるはずの選挙人を言いくるめて、あやつるということだ。

現に選挙人がきわめて少ない例は、間接選挙制度[12]——人民が選挙人を選び、選挙人がさらに代議士を選ぶ制度——に見ることができる。ただ、この制度は実際の経験からすると、アメリカ合衆国の大統領選挙の場合のように、人民があまりにも政治に熱心になりすぎるため、選挙人はまったく人民の考えのままに行動し、結局のところ、間接選挙は名ばかりで中身がともなわないで終わってしまう。一方、プロイセンの下院議員選挙の場合には、人民が選挙に対してじつに冷淡なので、少数の選挙人が横暴にふるまい、その結果、議会において特権階級が好き勝手のし放題となっている。

要するに、選挙人の数を制限すると、少数の人びとが独断で思いのままに事を決めることになったり、選挙で腐敗した手段の害毒が広がったりと、社会にとって良いことは何もないのだ。つまり、権力のある人に、こっそり個人的なことを頼んだり、買収したり、脅迫したりといった不正手段は、選挙権をもつ者の数が少ないことにつけ込まれて、はびこる行為なのだ。

こうして選挙に関連した腐敗が生じ、議会の健全さは失われ、さらには代議士が公然として有権者みんなの利益に反することをするようになってしまう。これによって一体どれほど憲政の進歩が妨害されることだろう。この点から考えても、「選挙権はできるだけ多くの人びとに与えなければならない」ことは、明らかだ。

たんに「憲法の制定」「民選議院の設立」だけでは足りない

くり返すようだが、選挙権が制限されていると、議会は多くの場合、腐敗するか、または少なくとも特権階級がそれを自分に都合のいいように利用してしまう。それではせっかく「民本主義の要求」〔ふつうの人びとの考え・意向を聞き、それに基づいて政治を行うという要求〕にせき立てられて設けられた議会も、少しも「民本主義」の役

12　間接選挙　直接選挙は有権者が直接議員などを選出する制度であるが、これに対し間接選挙は、候補者の当選が、一般有権者によって選出された選挙人の投票によって決定される選挙。間接選挙はまれであり、そのまれな例がアメリカ合衆国の大統領選挙である。

に立たないことになる。

こういう理由から、一時、世界各国では盛んに選挙権拡張論が唱《とな》えられた。この論を唱えた人びとは、初めは「憲法の制定」「民選議院の設立」という二つの目標を実現すれば、「民本主義の要求」は十分にかなえられると考えた。ところがしばらくして、かれらは実際の経験からこういうことを学んだ[13]。

「自分たちの要求は、たんに「民選議院」が設立されれば、それだけで達成できる、というほど単純でなく、「民選議院」が民意をうまく反映させられるように構成されてこそ、初めて達成されるのだ」と。

最初、かれら選挙権拡張論者たちは、「民選議院」という、実質のともなわない名前だけを得ることに必死で、「民選議院」はどういう組織であるべきかについては、深く考えていなかった。しかし議院が実際に設立され、その組織・内容をよく知るにつれて、だんだんと議会改革の必要を叫ばざるを得なくなったのである。

考えてみると、憲法に基づく政治が始まったばかりのころ、多くの国の「民選議院」は、ふつうの人びと向きの、つまり「平民的」な仕組み・構成では、少しもなかった。ことにヨーロッパ諸国では、民衆の強い思いと勢いに迫られて、憲法を制定し発布したにもかかわらず、である。

なぜそうなるのかというと、昔から存在する特権階級が、裏でこっそり昔ながらの権力を維持して一大勢力となっていたからである。つまり「憲法」は、民衆と昔ながらの特権階級という、二大勢力の妥協の産物だったわけである。したがって、議会構成の上でも、時代の流れに逆行する勢力、昔ながらの特権階級は、大きな利益を手ばなさず、または少なくとも「民本主義」の十分な発達を妨げることができたのだ。だから「制限選挙」制度なども、たしかに民衆の勢力に対する、特権階級の利益を守る防波堤《ぼうはてい》という一面があるのだ。この制度のせいで、議会において十分に「民本主義の要求」を貫き、実現させることができないのである。

13 このあたりの吉野の文章は、明治時代の自由民権期を生きた、たとえば中江兆民《なかえちょうみん》（一八四七～一九〇一）の思想などを想起させる。憲法発布《はっぷ》という形（名前）だけに酔って、その中身（内容）を少しも吟味《ぎんみ》しようとしない日本人に対する兆民の批判は、よく知られている（中江兆民『一年有半』や幸徳秋水『兆民先生』などを参照）。

フランスの「選挙権拡張」略史

憲法創設当時、選挙権を制限しようとする考えがどんなに強かったかは、フランス憲法史をみれば明らかだ。

フランス革命後の最初の憲法（一七九一年）では、「財産」による選挙権の制限として、わずか三日間の労働分に相当する金額を直接税として納めれば、基準を満たして選挙権が与えられた。その点、非常に軽い制限だったが、しかし反面では「直接選挙」でなく「間接選挙」だった。第二の憲法（一七九三年）は、初めて「普通選挙」かつ「直接選挙」を認めたけれど、これは実行されなかった。しかも「普通選挙」という考えを採用した理由も、「天賦人権論《てんぷじんけん》」という、実際とはかけはなれた役に立たない議論に基づいたものであり、社会の現実から生まれた要求に基づいたものではなかった。それゆえに、第三の憲法（一七九五年）では、再び「間接選挙」を採用し、少額の税を納めれば選挙権を与えられる、という昔の選挙制限の制度にもどった。

このようにして、フランス革命当初は、財産上の制限は表面的にみると割に軽かったけれど、「間接選挙」であったこと、また年齢による制限がじつに厳しかったので、結局のところ、実際の制限はかなり厳しいものだった。

ところが一八一四年の「王政復古」の憲法になると、あまりにも歴史に逆行する、つまり反動的な要素が加えられた。すなわち、選挙権を与えられる「納税額」はといえば、三百フラン以上、被選挙権のほうは千フラン以上という、とんでもない高額となった。後年、多少はこの額が下げられたが、その制限は大変に厳しいものなので、国民全体の有権者はわずか「千人のうち三人」だけであった。

一八三〇年の七月革命の結果、選挙権を与えられるための「納税額」は二百フランに下げられたが、それでも人口総数では「千人に六人」というにすぎなかった。今日、世界で最も選挙権を与える制限が厳しいわが国の制度と比べても、その五〇分の一にすぎないのである。こういう有り様だったので、フランスの民衆はまもなく選挙制限の廃止を求めて、昔ながらの特権階級の利益を守ろうとする勢力と徹底的に争ったのである。

この選挙権制限の廃止運動は、一八四八年の二月革命でようやくその目的を達成した。これによってフランスは「普通選挙」制を採用し、今日に至っている。

さて、「選挙権にかんする制限の廃止によって、議会を改造しなければならない」という要求は、フランス以外の国々でも、一九世紀中ごろには唱えられた。それが今やフランスで「普通選挙」制度が勝ちとられたとなると、各国もだんだんフランスをまねするようになった。こうして今日では、広く世界各国で「普通選挙」制度が採用されている。または少なくともだんだんと採用される方向に進んでいる。

ヨーロッパ諸国の「選挙権制限」事情あれこれ

ヨーロッパにおいて、いまでもまだ比較的重い選挙制限を加えているのはハンガリーである。しかしハンガリーが「普通選挙」制度を採《と》らないのは、人種問題のせいでやむを得ない点もある。

ハンガリーの政治で中心的な勢力をもっているのはハンガリー人である。ところがハンガリー人は、ハンガリーの全人口の半分にも満たない。にもかかわらず、議会で多数を占めているのは、「制限選挙」制を採用している結果である。もし「普通選挙」制にすれば、ハンガリー人の政治的な優勢は、失われてしまう恐れがある。こういう理由から、現在の政府与党は、力をつくして「普通選挙」制に反対しているのである。それでも時代の流れにせき立てられて、ハンガリーも近い将来、「普通選挙」制を採用せざるを得ない状況に追いつめられている。

ハンガリーを別にすれば、イギリスとオランダが、選挙権に多少の制限をもうけている。だがそれは非常にわずかなものだから、ここに言うほどのものではない。ドイツ連邦を構成する諸州の中には、いまでも制限のあるものが多いけれど、最近、バーデン州(一九〇四年)、ビュルテンベルク州(一九〇六年)がすでに「普通選挙」制度を採用し、バイエルン州、ヘッセン州も制限を大幅にゆるめた。ただ、プロイセン王国がいまでも六十余年前の旧法をかたくなに守り続けて三級選挙法[14]という間接選挙を改めようとしないのは、例外中の例外とすべきである。もっとも、これにはそれなりの理由があるが、あまりに煩《わずら》わしいのでいまは立ち入らない。

わが日本国の選挙制度は……

こうしていまや世界の先進的な文明国のほとんどすべては、「普通選挙」制を採用

14 三級選挙法 プロイセンの間接選挙法。各地方自治体で、全有権者をその納税累計額が等しくなるように三階級(上・中・下)に分け、各階級からそれぞれ同数の議員を選出する法律。もちろん下級納税者の数が圧倒的に多く、上級納税者の数はごく少ない。にもかかわらず上・中・下階級を代表する議員の数は同じという、不公平で金持ちに有利な制度。

してしまったとみてよい。ゆえに今日、東西の文明国の中で、選挙権に対する比較的厳しい制限をつけている国は、ロシアとわが日本くらいのものである。

ほかの一般の文明諸国では、「普通選挙」制を採用するかどうかは、とうの昔に決着のついた問題で、もはや今日の政治上の議論ではない。わが国でも、最近はだんだんと選挙権拡張論が盛んに言われるようになってきたが、「普通選挙」論が流行するようになるには、まだかなりの時間がかかりそうだ。先ごろ、大隈重信内閣が選挙制限の条件をゆるめ、直接納税する額を一〇円から五円に引き下げるという、一時の間に合わせ的な案を唱えた時でさえ、政治家たちの一部には激しい反対があったくらいなのだ。こんな調子では、「普通選挙」がいつ実現することやら、気の遠くなるような感じがする。

わが国の立派な分別と知識をもつ人びとの多くは、まことに不思議なほど「普通選挙」制度に対して、大きな誤解と強い反感をもっている。おそらくこの制度を最初に唱えたのが、たまたま社会主義者たちだったということが、誤解を招く理由となったのだろう。社会の上流階級が「普通選挙」制度を喜ばないのは〔自分たちの財産や特権的な地位が危うくなる可能性があるから〕無理もない。ところが上流でもないふつうの人びとまでが、この制度を心の底から歓迎しないというのは、まったく不思議な現象だ。

もっとも、「普通選挙」制度を採用しようという案は、明治四四年〔一九一一年〕、第二七議会において、一度衆議院を通過したことはある。[15] しかし当時の様子を伝えてこう言う人がある。「貴族院が必ず「普通選挙」制度案を否決するにちがいないと確信して、衆議院ではこの案を通したのだ」と。たしかにその通りで、貴族院は圧倒的多数でこの案を否決した。しかし、「普通選挙」制度に対する誤解をたださなければいけない。この制度を採用しなければ、「憲政」の十分に満足のいく発展をみることはできないのだという理由を、私たちは心の底から納得しなければいけない。そして国民だれもが徹底的に、この「誤解をただし、理由をよく納得」しない限り、わが国の「憲政」の将来は、まことに希望の持てない悲観的なものとなるのだ。

15 一九一一年の第二七議会では、衆議院を「普通選挙（略して普選）」法案が通過した。貴族院は法案を一蹴し、第二次桂太郎内閣は普選要求を社会主義に準ずるものとして弾圧した。

日本の有権者数はどれほど少ないか

今日、選挙権を制限している結果、わが国の有権者が日本の総人口に占める割合は、わずか「百人のうち三人」にすぎない。昨年三月の総選挙の時の有権者数は、一五四万四七二五人にすぎなかった。この数字「百人のうち三人」というのを他国のそれと比べてみれば、いかに日本の有権者が少ないかは、あまりにも明らかだ。

すなわち有権者の割合は、たとえばノルウェーでは「百人のうち三三人」以上であり、アメリカ合衆国では「百人のうち二九人」以上であり、フランスでは「百人のうち二七人」強《きょう》であり、ベルギーでは「百人のうち二三人」、イタリアとドイツでは「百人のうち二一人」。また、いくらか選挙権に制限のあるイギリスでは「百人のうち一八人」、オランダでは「百人のうち一三人」である。ハンガリーでさえも、有権者の割合は「百人のうち六人半」以上であり、わが国の二倍以上である。

こんな風に選挙権を制限していれば、前に言ったように、「人民が主人」「代議士は召使い」という関係が逆転して弊害が出てくる危険があるのはもちろんのこと、選挙権が国民の「公権」〔憲法で認められた「個人がもつ、国家に対する権利」〕であるという考えが、理解されるはずもない。少なくとも国民の心の中に、選挙は「国民の神聖な権利」である、だから選挙をなおざりにしてはいけないのだ、という思いを起こさせることはできない。いくら小学校や中学校の教師に、「立憲という考え方を生徒に理解させ、身につけさせよ」と言っても、教師自身はむろんのこと、かれらの親族や古くからの知人に選挙権をもっている者が少なければ、その権利がほんとうに尊《とうと》ぶべきものである、ということを教師自身が身近なものとして実感できないだろう。そういう教師から、選挙権の尊さという話を聞く生徒もまた同様だ。生徒自身の父兄や親族のだれもが選挙権をもっていればこそ、教師から話を聞いても身近なものとして実感がわく。そうでなければ、選挙の話を聞いても自分に関係のないムダ話としか受け取りようがない。

「選挙権の拡張」と「違反取り締まりの厳格化」の必要性

というわけで、「選挙権の拡張」は、「選挙違反の取り締まり規則を厳格に実行すること」と共に、わが国においてさし迫った急務といえる。諸国の歴史をみても、選挙にかんする害悪となっていたものを取りのぞき、その働きを有効なものとすることは、多くの場合、この二つによって成し遂げられた。この二つをおろそかにしていたのでは、どんなに選挙に対する正しい考え方を教え広めて、世間一般の人びとの良心に訴えかけ、いましめ、励ましても、憲政の理想を実現することはできないのである。

ともかく「選挙権拡張」論は、私たちが最も真面目に研究すべき問題であり、また今後私たちは先頭に立って、最も熱心にこれを唱えなければならない。世間が「選挙権拡張」の意味を誤解しているだけに、いっそう私たちは、一方で知識や判断力をもつ人びとに対して反省を求め、他方で政治家たちを、その夢のような愚《おろ》かしい考えから目ざめさせて、近い将来、選挙権拡張を実現するよう努力しなければならない。

世界はもはや「普通選挙」制度の精神を問う議論へ

「選挙法をめぐる問題」は、今日どこの国でも「憲政」の改善をいう場合に、議論の中心問題である。けれど選挙権拡張についてはすでに解決したので、ヨーロッパ各国の問題は、その先に進んでいる。ただロシアとプロイセン[16]はいまなお、わが国と同一の水準にあるけれど、ほかの国、たとえばオーストリアが「普通選挙」制を採用し（最近一九〇七年）、イタリアもまたこの制度を採用した（一九一二年）のを最後に、おおかた解決してしまった。

だからいまヨーロッパ諸国で、いまだに同じく「選挙法をめぐる問題」を議論しているといっても、その内容はちがう。もはや「普通選挙」制度を採用すべしという議論ではない。今日の議論は、「普通選挙」制度の精神を、いっそう徹底して制度に反映させるにはいかにすべきかという議論である。

このヨーロッパの状況は、わが国の「憲政」論に直接の関係がないようだが、そうではない。ヨーロッパの状況と比べると、わが国における「憲政」にかんする重要問題が、いかに遅れたものであるかがはっきりするのである。そこでいま、簡単にヨーロッパの選挙制度事情を説明してみよう。

最近のヨーロッパの選挙制度事情

すでに述べた通り、ヨーロッパでは「普通選挙」制がすでに広く採用されている。さらに、あくまでもこの制度の考え方・精神を実行しようという意味で、新たに二つ

16 ヨーロッパにおけるロシアとプロイセン（ドイツ帝国）の政治制度の「遅れ」については、後に（260頁以下で）吉野自身が説明している。

の問題・要求が引き起こされている。一つは、文字どおり完全に「普通選挙」制を実施しようという要求であり、二つは、議員選出の単位として区分した選挙区を改造しようという要求である。

文字どおり完全に「普通選挙」制を実施しようという要求

一つめの問題はこうである。

「たとえ国民全員に選挙権を与えても、財産や教育の水準というモノサシによって、一部の少数のいわば特権階級には、一人につき二票も三票も投票できるようにしている[17]のでは、「普通選挙」制とは名ばかりで、その制度を採用しただけの結果を得ることはできず、実際には「制限選挙」制を行うのと同じことではないか」と。

たとえばベルギーでは、財産・教育のある者に、一定の基準によって二票、三票の投票権を与えている。イギリスでも、財産を二カ所に〔普段の住居と、別荘地での住居などのように〕所有している者は、その二つの選挙区で投票できる、という制度になっている[18]。これが、時おり特権階級の利益を守るために利用されるから、「民本主義」の精神からみて、ふさわしくない、というのである。

「複数投票」制の廃止が、イギリス自由党の長年の意見であり、またベルギーの社会党・自由党の一貫した主張であることは、私たちも知っている。ことにベルギーではこの制度の廃止にかんして、社会党・自由党は保守党の政府と衝突し、しばしば大ストライキを引き起こしている。

選挙区の区域を改造しようという要求――人口の流動化にともなって

「普通選挙」制にかんする二つめの問題はこうだ。「選挙区の区域を三〇年も四〇年もの間、昔のままにしておいては、時代の変化にともなう人口の増減にうまく対応できなくなる」と。

時代が進めば田舎の人口が減り、都会に人が集まる。そして田舎は、「昔からの風習・伝統を重んじ、それを保存しようとする考え方」が、たしかにそのまま伝えられ

17　「複数投票」制のこと。209頁の注10を参照。
18　イギリスでは、一九四七年まで、この制度――納税した地区で投票を認める制度――によって、「複数投票」が認められていた（一九四九年に、一人一票となる）。したがって、吉野が本文で述べるような事態も起こり得た。

ていく場所であり、一方都会は、現状をさらに新しく先へと進めようとする「過激な進歩という考え方」にあふれている場所である。

それゆえに理論はひとまず措《お》くとして、保守的な人びとは、昔のままの選挙区を維《い》持《じ》することを自らの利益とし、進歩的な人びとは、人口の増減にともなって選挙区の区域を変えることを自らの利益とする。

選挙区の区域を改造——ドイツの例

この点について、ドイツ帝国では政府と在野の進歩的な人びととの間で長年にわたって、選挙区の区域を改造するか・しないかに関する論争がある。今日のドイツの選挙法は、一八六七年の人口調査に基づいている。当時ドイツの人口は、三九七〇万人。そこで人口一〇万人につき代議士一人の割合とし、議員定数を三九七人とした。

ところが最近の人口調査によると、ドイツの人口は増加して六五〇〇万人に達し、人口増加は都会で激しく、田舎で少ない。

一八六七年当時においては、人口一〇万人以上の都会の人口は、ドイツの全人口に占める割合が一割五分六厘《ぶりん》だったが、いまでは二割一分四厘になっている。現にベルリンなどは、いま人口が三〇〇万に達するというのに、五〇年前の人口調査をもとにして、わずか六人の議員しか出していない。そんな具合なので、進歩的な立場の人びとから見れば、人口増加に合わせて選挙区の区域を適切に改めれば、自分たちの政党に所属する議員の数が、大いに増えるだろうという見込みがある。増えるかどうかという実益の点は措くとしても、事実からみて、選挙区の区域を改めることは正当であると主張して、争っている。

ただ、議会における多数派・少数派の形勢が逆転して、進歩的な人びとが多数派になれば、今日の軍国主義という国の方針を維持することが非常に危《あや》うくなるので、ドイツ政府は、あらゆる手を尽くしてこの要求に抵抗している。

なんたる時代遅れ

以上二つの問題〔一つは、文字どおり完全に「普通選挙」制を実施しようという要求、二つは、議員選出の単位として区分した区域（選挙区）を改造しようという要求〕は、両者共に「普通選挙」制の考え方・精神を、現状よりもいっそう徹底して実現しようというところにあるのだ。

いまごろになってもまだ、「普通選挙」制を採用すべきかどうか、などという時代を逆行する間の抜けた問題を論じているような国は、いまや世界の文明国の中でも先進的な国々では、ほとんど存在しないのである。この事実からみても、わが国はかの諸国からどれほど遅れているかが、はっきりわかるだろう。

この節を終えるにあたり、ひと言《こと》つけ加えたい。現在のヨーロッパの選挙法にかんしては、「大選挙区」[19]とすべきかどうか、「比例代表制」[20]を取るべきかどうか、という二点も盛んに議論されているということである。最近、この問題で議論が活発なのはフランスである。「比例代表制」はすでにベルギーで、例外や制限など一切なく、全面的に実施されている。

「大選挙区」と「比例代表制」の研究は、大変興味ある問題だが、ここでの議論に直接の関係がないのでいまは立ち入らない。ただ、イギリスのような「政党内閣」[21]の発達した国では、これらの制度はほとんど問題にされていない。なぜなら、「大選挙区制」や「比例代表制」は、どちらも少数の人びとからなる政党の代表者を議会へ送りこむ機会を与える制度だからである。つまり、そのような選挙制度によって、イギリスの伝統的な二大政党制という対立軸がかき乱されて、さまざまな小党が分立する可能性があるからである。イギリスの政治家は、議院で多数を占める政党が内閣を組織する「議院内閣制」[22]をいちばん大事な規則としている。この「議院内閣制」をまちがいなく確実に運用するには、二大政党の対立が必要条件である。だから、二大政党政治という政治体制の成立を妨げるような制度は、ほかにどんな理由があるとしても、イギリスにおいては、立派な分別と知識をもつ人ならばほとんどだれも、気にかけようとはしないのだ。

なお「比例代表制」の採用については、熱心にこの制度を希望する政治家があり、団体を結成し、個人の財産をなげうって、この制度の考え方を世に広めようと努力し

19　「大選挙区」　比較的大きく定めた地域から、定員二名以上を選ぶ選挙区のこと。ちなみに「小選挙区」は、一区で議員一名を選出する制度の選挙区であり、死票《しひょう》（選挙で、落選者に投ぜられた票）が多くなる可能性が高く、また政権交代の可能性が比較的高い。

20　「比例代表制」　選挙において、政党あるいは候補者の集団の得票数に比例するように議席数を配分する方式。

21　「政党内閣」　49頁の注4を参照されたい。

22　「議院内閣制」　議会の信任を内閣存立の必須条件とする制度。下院（衆議院）の多数を占める政党が内閣を組織し、その内閣が議会に対し連帯して責任をとる。特にイギリスで発達。

ている者もあるけれど、今日までのところ、少しも実際の政治勢力とはなっていない。

議会と政府との関係

この関係も、前に述べた人民と議員の関係のように、「議会が主人」「政府は仕《つか》えるもの」という立場をしっかり守ることが何より大事なことだ。たしかに直接、政治権力の運用にあたるのは政府である。その政府を議会が取り締まり、指図《さしず》することによって、初めて政治は、道徳や法にかなない、恥ずべきところのないものとなり得る。

ところが政府は政治権力を握っているので、ともすればその地位を利用して議員を言いくるめ、操《あやつ》るということになる。だが、もともと取り締まられ指図されるのは政府の側である。にもかかわらず、逆に政府が自分の思うままに議員を見くだしたような態度で指図しようとする。

こうなると、人に隠れていろいろと悪事が行われ弊害が生じてくる。私利私欲のために職務や地位を乱用するいわゆる「汚職《おしょく》問題」は、いつでもこの「政府が主人」

「議員は仕える人」という逆転した関係から発生するのである。そして汚職問題はふつう、政府側から千円とか二千円とかのカネを議員にくばるという形をとる。しかし千円二千円のカネを政府側が出したという行為の先を、さらにたどって行けば、一体どれほど多くの罪悪が隠《かく》れているのか、とてもわかりはしないのだ。だからこそ「議会が主人」で「政府は仕えるもの」という関係を厳重《げんじゅう》に守り通すことは、憲政のあぶなげない堅実な運用のためには、どうしても必要なことである。

不正が生ずる原因——制度の問題

議会と政府の関係についても、私たちは、直接それに係わる人びとの良心に訴えかけ、それをできるだけ敏感にし、不正を許さない周囲の雰囲気をつくるよう努めることが根本的な要件だと思う。ただ、一般の人民とはちがって、議員そして政府の仕事を担当する人びとは、いずれも国家の選び抜かれた優秀な人たちだから、常識的な道徳上の義務と責任について、十分に理解している人びとである。そんなかれらに「政治はこういう目的のために、このように行うのが正しい」などということを説くのは、釈迦《しゃか》に説法《せっぽう》「よく知っている者に、なおも教える」というものだ。

　しかしそれにもかかわらず、実際にいろいろと世間に対して名誉をうしなうような事態が生じているのは、結局、議会制度の罪というものではあるまいか。すなわち「制度」に欠陥があって、そのため誘惑《ゆうわく》に引きずりまわされてしまう機会が作られるからではあるまいか。誘惑に襲《おそ》われると、よほど立派な人でも失敗しやすい。だから初めから悪いことが出来ないような制度を作っておくことが、どうしても必要なのだ。そこで私たちはすぐに達成するべき重要なこととして、次の二点を指摘する。

不正を避けるために

　第一には、政府の行為を取り締まるべき「議員」の質を向上させること、そのためには前に述べた人民と議員の関係を「人民が主人」「議員は人民に仕える人」という、正しく道理にかなった関係にすることが最優先の仕事であり、しかも急務だということである。

　この《人民―議会》の正しく道理にかなった関係は、《議会―政府》の、やはり同じく道理にかなった正しい関係の前提条件といわなければならない。だからもし、《人民―議会》という関係が、正当でない状態だとすれば、《議会―政府》という関係について論じても、結局はムダでしかない。

第二には、「議員」と「政府」の間に、ともすれば起こり得る政治上の悪事（買収や脅迫など）に対して、厳しい態度で接することが必要である。非難されるべき行為をした議員があった場合、人民がよく注意し監督して、このような議員には二度と投票しないことにすれば、心がけの悪い者はひとりでに消えてなくなってしまうはずだ。

けれども、一方に人に知られないような手段を使って誘《さそ》い操る者が政府の側にあって、他方で議員もまた秘密のうちに不正な利益をむさぼっても、ばれる心配がないと信じるならば、ひょっとして不正行為が行われないとも限らない。こうして議員は少しの間、自分の良心の命令に耳をふさいで、意味もなく政府の悪政を助け、国民全員の利益を犠牲にしてしまうかもしれない。

だからこそ、このような不名誉で好ましくない事件が起きないようにするために、不正な利益を得る者にも、それを与える者にも、厳しい態度で臨《のぞ》む必要があるわけだ。ここにいう「厳しい態度」とは、たんに法律上の厳しい制裁を加えるというだけの意味ではない。右のような事件を起こした者を社会的にも徹底的に退けて、もう政治家としてはけっして活動できないような、致命的な打撃を与えなければならない、という意味である。

政治家の資質とは何か

何が善で何が悪かを私たちに教える良心に忠実であり、しかもそれを信じてかたくなに守り通そうとすることは、政治家の生命である。不正な利益のために、意見をふらふらと変えるようでは、政治家としてこれ以上に大きな罪はない。まあそれにしても、そもそもこんなことが、私たちの問題となっていること自体、すでに立憲主義[1]の国としては不思議な現象である。いや、むしろ恥ずべき現象である。かりそめにも立憲政治が行われている国家では、つまらない人間は初めから議員になるべきではないのだ。だいたい政治というのは、本来きわめて気高《けだか》い、尊《とうと》ぶべき仕事である。したがって高い教養のある人物だけが、よく担当することのできる仕事である。そうであるなら政治家に対して、その「人格」〔「人柄《ひとがら》」〕を詳しく調べるなどというのは、政治家をあなどり、はずかしめるものではないか。「人格」を疑問視されるような者は、初め

1　立憲主義　13頁の注2を参照されたい。

から政治家として扱われないのが、西洋諸国の一般のならわしだ。だから西洋では候補者の学問と見識、それと政治を行う上での考えだけが問題になる。しかし候補者の「人格」をよく見なければならない、などということは、まずないと言っていい。「人格」の善《よ》し悪《あ》しによって、候補者の品定《しなさだ》めをしなければいけないという議論のあることは、じつは決して誇るべき現象ではないのである。まして世間のふつうの人びとのように、候補者その人の「人格」など少しも気にかけることなく、ただたんに候補者のまき散らす金銭が多いか・少ないか（早い話が自分にどれだけカネをくれるのか）だけを判断基準として、投票するか・しないかを決める、というようなことでは、何ともあさましい限りと言うほかはない。こんな状態だから、議員の汚職問題のようなものがしばしば起こるのだ。社会の中の、すぐれた人物として選ばれるべき代議士が、じつは国民の手本となるべき人格をそなえず、したがって議員の中にしばしば汚職行為をなす者があるのは、おそらくわが国特有の現象だろう。こんなことでは、とてもわが国において「憲政」が進歩することなどあり得ない。

汚職行為を防ぐ方法――法律的制裁と社会的制裁

くり返して言うが、このような汚職行為を防ぐには、第一に、人民が選挙の際に議員選びを間違えないことが必要である。第二に、その職務上の役目を汚《けが》した議員に対しては、最も厳しい制裁を加えることもまた、きわめて必要なことだ。つまり職を汚す議員に対しては、たんに法律によってその罪を厳しく罰するだけでなく、私たちも、世間一般に共通した意見すなわち「輿論《よろん》」の力によって、彼らを政界から葬《ほうむ》り去ってしまうという覚悟が必要なのである。

賄賂《わいろ》を贈る側のほうが罪は重い

なお汚職行為にかんして、世の人びとにさらによく注意してもらいたいのは、汚職行為に「誘《さそ》われる者」よりも、「誘う者」の罪のほうが、いっそう大きいという点である。このことは、本誌〔『中央公論』〕去年〔一九一五年〕一月号所載の、内外時事評論の中にある「収賄贈賄《しゅうわいぞうわい》どちらの罪が重いか」[2]という一編でも、大浦《おおうら》〔兼武《かねたけ》〕問題[3]

2　原題は「収賄贈賄孰《いず》れか重き」。「収賄《しゅうわい》」は賄賂《わいろ》を受けとること、「贈賄《ぞうわい》」は賄賂を贈ること。

3　大浦問題　13頁の注3を参照。

に関連して、説明されていた。

聞くところによれば、大浦子爵《ししゃく》自身は、「はじめは自分が賄賂《わいろ》を贈った行為が、なぜ不正なのか、全然わからなかった」ということだ。彼は議員買収事件を起こした際に、こう言ったらしい。「もしあのまま野党の強い勢いに押されて議会を解散したとすれば、それこそ国家にとっての大損害となる。それよりは、わずか数万円のカネを使い、そのカネをもらって自分の主張をコロリと変えてしまう議員をほんの数名つくりだすだけで、議会解散という災難を避けられたのだ。議員買収という小さな犯罪によって、国家の大きな災難を救ったことになる。だから自分はむしろ国家のために、非常に大きく貢献したわけだ」と。こんな具合に大浦子爵は自信満々であり、買収行為が悪だという疑いを少しももたなかったということである。

もし本当に大浦子爵がそう考えているとしたら、彼の動機はまことによろしい。だがその考え方の古くささ加減といったら、ほとんど救いがたいものと言わざるを得ない。彼は、議会解散による一時的な、目に見える〔選挙に関連する費用という〕「物質的な不利益」のほうが、はるかに大きいと考えているのである。それに比べたら、議員買収による政界の腐敗が、社会一般の人びとの風俗と教育に与える――現在だけでなく、将来にまで及ぶ——悪影響、「精神的な大損害」など、大したことではないと考えているのだろう。つまり大浦子爵は精神でなく、物質こそ大事という考えにとらわれてしまっているかに見える。

私たちは、むろん大浦子爵個人にはなんの怨《うら》みもない。しかしわが国の「立憲政治」の十分な発達のためには、子爵のような正しい判断のできない、かたくなな考え方が存在していることを呪《のろ》いたいのである。もっと言えば、賄賂《わいろ》を受けとる者よりも、それを贈る子爵のような考えの者こそが、「立憲政治」にはいちばん有害、有毒な存在だと、広く人民に主張したいのである。

かりに、大浦子爵はまったく個人的な「私《わたくし》」のため私利私欲のためでなく、不正なカネを集めてそれをそのまま国家という「公《おおやけ》」のために使ったのだから、多少は買収行為を許すべき点もあろう、などと論ずるとしたら、とんでもない話だ。

議会に対する政治上の責任は、政府にとらせよ——責任内閣制

議員と政府との関係については、前に述べたように、議員が政府の言いなりになって操《あやつ》られないようにすることが出来たとしても、まだ十分でない。というのは、議員

が政府に対して、正々堂々と議論を戦わせる場合を考えてみればわかる。その場合、政府が自らのもつ職務上の権力が及ぶ範囲、すなわち「権限」を根拠として、あくまで議員の意見には従わない、ということで押し切られてしまうと、やはり議員は、政府の行動を取り締まり、指図《さしず》することができないからである。

議員が政府に対して、買収・脅迫などによって議員自身の意見・立場を左右されない、一個の独立した政治家として立つことが重要だ。その上で、政府が行う法にはずれた行為、その罪に対しては、人民はどこまでも議員に追及させ、十分に政府を取り締まる役目を果たさせることが重要だ。そのためには「議会に対する政治上の責任」を、政府にとらせることが必要である。ここに「責任内閣」[4]の問題が出てくる。すなわち、政治上の制度または習《なら》わしとして、「責任内閣制」が確立されなければ、議会と政府の正しく理にかなった関係は、完全とはいえない。したがってまた「民本主義」の要求も十分には満足いくものとはなり得ないのである。

「超然内閣」は断じて認められない

ところで「責任内閣制」に対しては「超然《ちょうぜん》内閣」[5]という考え方もある。これは議会の考え・意向とはまったく無関係に「内閣は、議会から完全に独立した地位に立たなければならない」という意味である。この考え方をとれば、政府は議会からどんなに反対されても、いや、場合によっては、内閣不信任の決議を突きつけられてもなお、平気でその地位にとどまるというのだから、極端なことをいえば、政府はどんなに好き勝手なこともできるという理屈になる。

そうなればもう、「政策の最終的な決定は、ふつうの人びとの考え・意向に基づく」という目的は、達成できない。それゆえに「超然内閣制」は、立憲政治の当たり前のやり方などでは、断じてないのだ。とはいえ、単純な憲法論からいえば、国務大臣は、ただ君主に対してだけ責任を負えばいいのだから、議会の反対にあったからと

4　「責任内閣」　議会の信任があるか・ないかに左右され進退を決する内閣であり、「議院内閣制」における内閣の条件の一つ。

5　「超然内閣」　ことばの通りに「超然」としている——物事に関係しないで、悠然《ゆうぜん》としている——内閣のことで、要するに、少しも民意に（つまりは人民から選ばれた議員で構成された議会の意見に）耳を傾けようとしない（「超然」としている）内閣。明治・大正前期の内閣の大半はこれ。もと黒田清隆の発言である。

いって、必ずしもただちに辞職しなければならないわけでもない。したがって「超然内閣」でも憲法違反にはならない。違憲というわけにはいかない。けれども前に述べたとおり、これが立憲政治の精神〔政府が好き勝手に行為できないように取り締まり、人民の意向に基づいて政治を行おうとする考え〕に背《そむ》くことは、明らかである。だから「超然内閣制」は立憲政治ではないと非難せざるを得ないのだ。

憲法の精神を実現せよ

世間ではどうかすると、先に述べたような「単純な憲法論」〔つまり憲法条文の解釈だけにガチガチにこり固まったような〕「法律論」と、「憲法の精神」からみた「政治論」〔つまり憲法がめざす政治のあり方、運営の仕方にかんする議論〕とを混同してしまう。それは物事を、正確にこまかい点によく注意していないからであり、それゆえに判断を誤ってしまうのだ。

「責任内閣制」を論ずる場合も同様で、ともすると「責任内閣制」は法律上は許されないという「違憲論」と、憲法を運用する「精神」に合う・合わないという「立憲主義[6]〔立憲か非立憲か〕をめぐる説」とを混同する者がある。これにはよく注意しなければいけない。

だから「憲政」が十分満足いくような運用ができるかどうかを論ずる場合には、たんにそれが違憲かどうかという、法律上の観点だけから考えたのでは、結論は出せない。「憲政」の精神、立憲か非立憲かという観点からも、吟味《ぎんみ》してみなければならない。

もちろん違憲ならば、そもそも問題外である。問題は違憲でないものの中にも、細かくみれば、立憲的なものと、非立憲的なものとがあることだ。「超然内閣制」は、憲法の法理論〔例の単純な憲法論〕からすれば、許されているということになり、別に悪いわけではないということになる。しかし「超然内閣制」には非立憲的な性質があるという点からすれば、憲政運用の目的に照らし合わせて、「超然内閣制」は断じて認めることができない。[7]

国務大臣は、ただ君主に対してだけ責任を負うとする憲法の「条文の理屈」にだけこだわって、憲政の「精神」には目が開かれず、政治上の内閣制度はすべて超然内閣

6 立憲主義 13頁の注2を参照のこと。

でなければならないと論ずるに至っては、もうその誤りたるや、あまりにも明らかなので、わざわざあれこれと深く議論する必要もあるまい。

「弾劾《だんがい》制度」「議院内閣制」

このように「責任内閣制」は、憲政を運用するために欠くことができない。ただ、それならどのようにして、議会は内閣の責任を問うのか。その方法は一つではない。最も単純な方法は「弾劾制度」である〔このあと、吉野自身が弾劾制度にかんして説明している（248頁以下）〕。しかしこの制度はだんだんと行われなくなって、いまでは二、三の憲法に名前だけがあって実質的な意味はほとんどない。

今日、内閣の責任を問うために用いられる普通の方法が「議院内閣制」[8]である。だから最近では、たいていの国において、議会で多数の議席を占める政党の党首が、政府を組織するのがふつうである。この意味で、今日の政府はだいたいが政党内閣である。

そして内閣を構成している政党は、一つの場合もあれば、複数の政党が連立している場合もあるが、結局は議会で過半数を占める政党である。その政党の党首が政府を組織しているのであるが、これらの政党の党首は、例外もたまにはあるが、おおよそは同時に議会の議員であることが多い。この点からみれば、今日の内閣は「議院内閣」であるともいえる。

こういう制度がふつうに行われれば、政府の責任は、議会において政府が以前と変わりなく多数の信任を得ているかどうかによって決まる。もし多数の信任を失えば、そのたびごとに辞職して、議会での新しい多数派にその地位を譲らなければならない。この「議院内閣制」の運用が、なんとも巧みな仕掛けとなって、政府が議会によって取り締まられるという「責任内閣制」の考え方の実現を徹底させているのである。

7　簡単に復習を兼ねていえば、立憲的なるものの決定的な特色は一つしかない。すなわち「権力に対して制約・しばりをかける」こと。「超然内閣」は、そもそも議会から超越した（超然とした）存在である。つまり人民から選ばれた議員で構成された議会の意見に、耳を傾けようとしない存在。だれからも、何からも、「制約・しばり」をかけられないという立場だから、もちろん「非立憲的」であり、「憲政」の精神にまったく反する。吉野が「断じて認めることができない」というのは、そういう意味であり、またその意味において、吉野の発言は当然である。

8　「議院内閣制」231頁の注22を参照。

むかしの政府はこんなもの

むかしは「政府は政府、議会は議会」で、両者はまったく別物であった。政府を組織したのは、主として「君《くん》」の側に立つ「功臣《こうしん》」、つまり国家や主君に対して苦労して立派な仕事をした「臣下《しんか》」であった。彼らは、政党にも、議会にも〔ということは、つまりふつうの人びとに対して〕なんの基盤《きばん》もつながりももっていなかった。このような性質の政府だったから、議会が反対したくらいでは簡単に言うことを聞かせることが出来なかった。不信任投票は、議会が政府に対して突きつける最もはっきりした、政府への反感の表現であるけれど、そんなことでは政府はビクともしない。

とはいえ、議会と政府がいつもにらみ合っている当時の状況では、議会もまた、深い考えもなく軽はずみに不信任投票をしないとも限らないから、不信任が出されたからといって、いちいち軽々《かるがる》しく内閣を変えるわけにもいかなかったろう。そこで「弾《だん》劾《がい》」という制度が発達したのである。[9]

「弾劾制度」とは何か

「弾劾」とは、下院が原告となり、上院が裁判官として判断をくだし、その結果、下院のいうことが道理にかなっていると認められれば、内閣は別の内閣と交替《こうたい》しなければならない、という制度である。

そしてこのように内閣の交替となった場合には、君主は、また別の功臣《こうしん》を用いて内閣を組織させる。だがそもそも「功臣」なるものは、先にいう通り、議会になんの基《き》盤《ばん》もつながりももっていないので、新しくできた内閣が、再び弾劾される可能性がある。それを避けるためには、内閣自身が議会の意思〔つまりはふつうの人びとの意思〕を尊重せざるを得ないことになる。したがって、議会の考えや意向は、間接的ではあるけれど、政府を通じて実行することができるようになる。その意味で「弾劾制度」も、憲政の運用を実りあるものとする一手段として、認められていたのである。

ところがその後、だんだんと「政党内閣」制度が広く行われるようになってからは、「弾劾制度」は実際に用いられることがなくなった。どうせ議会の意思を尊重しなければならないとすれば、議会に多数を占める政党の党首をそのまま政府に入れたほうが（または内閣総理大臣にしたほうが）、話が早い。議会になんの基盤もつながりももっ

9　弾劾　49頁の注5を参照。

ていない官僚（功臣）が政府を組織するのでは、いつ議会の弾劾を受けるかわからない。そうなっては、政府は安定性を失ってしまう。そこで「政党内閣」がだんだんと広まったのである。こうなれば、「弾劾制度」よりも、いっそうよく「責任内閣」の意義を実現でき、つまりは議会の意思を反映できるので、今日では「政党内閣制」だけが行われるようになった。

「政党内閣制」の難点

「政党内閣制」のすぐれた作用は、A内閣が倒れたら、すぐに議会の新しく多数を占めることになる政党がB内閣を組織して、A内閣と交替することにある。ところが倒れた内閣を引き継ぐ新しい内閣の組織は、前内閣の倒れた際に、議会の新しい多数勢力がはっきりしていれば簡単にできるけれど、そうでない場合、少なくともしばらくの間かなり困ってしまうものだ。

すなわち二大政党が対立する国では、この点はうまく行われるが、いくつも小党が分立する国では、そうはうまく行かない。小党分立の国ではふつう、一つの政党が議会の過半数を占めることはあり得ない。したがって議会の多数を占めるためには、二、三の政党が連合し、連立政権となってようやく可能となる。いつもそうだ。

しかもこのような連立政権は、はじめのうち、なかなか一つにまとまりにくいだけでなく、政権運営の途中でも、ときどき政治方針の対立などで揺れ動く。そのため内閣は、ともすれば議会で多数を占め続けることができずに、しばしば交替させられてしまうという悲運にあう。しかもその後は、いつものことだが、議会の多数派をつくるべき新しい連合は、簡単にはまとまらないし、後継内閣の組織ができあがるまで、多くのこみ入った事情やもめごとが生ずるのがふつうである。そのため、立憲政治の運用は大いに停滞させられてしまうことになる。

それゆえに今日、「政党内閣制」は「責任内閣」の考え方を最もよく反映するものではあるけれど、小党が分立する国においては、じつは十分にそのすぐれた働きを現すことができない。そういうことなのだが、一国の中にいくつもある政党が、うまい具合に二大政党として、きっかり二つに分かれるかどうかは、国によって異なる。それだけでなく、二大政党になるとしても、それはもともと自然の勢いで決まることであって、一つの理論によって人為的に作ることなどできないものだ。

イギリスとアメリカ合衆国の二大政党政治

いま、欧米諸国の現状をみると、英米系統の国はだいたい二大政党が対立するという様子を示している。ただ、細かくみると、イギリスでは昔からの自由党と統一党[10]が二大政党を形づくっているが、そのほかにアイルランド国民党[11]と労働党[12]がある。

またアメリカ合衆国では共和党、民主党のほかに、一九一二年にルーズヴェルト[13]の創設した進歩党[14]がある。けれどもアメリカにおいては、これまで第三の政党はなんども作られながら、そのたびに不成功に終わった歴史がある。現にこのルーズヴェルトの党も、今日ではすでに勢いが衰えて心ぼそく頼りない「孤城落日《こじょうらくじつ》」の悲しい有り様だという。そのほか、社会党もあるけれど、これはほとんど無力な存在といっていい。

イギリスに話を戻そう。イギリスのアイルランド国民党は、アイルランドの自治獲得を目的とする特別の政党なので、アイルランドの自治問題が解決すれば消滅すべき運命にある。労働党は、四十数名の党員がいて、議会において一勢力をつくっているけれど、今日、もし自由党と結びつかずに単独の存在ならば、何をすることもできない政党である。労働党の党員の中には、労働党はいつも自由党に付きしたがっている、自由党の「腰巾着《こしぎんちゃく》」だとあざけられることに腹を立てて、党の幹部に迫って「労働党は独立した一つの政党であるという名誉をはっきり示すべきだ」というものもある。けれども大多数の党員は、自由党との深い同盟関係を続けることに満足している。ゆえに英米両国は、だいたいにおいて二大政党が対立する形で、議会が動いているといってよい。イギリスの植民地もまた同様である。したがって、これらの国においては「政党内閣制」はきわめて良好に行われている。

10　自由党と統一党　177頁の注9および10参照。

11　アイルランド国民党　アイルランドの自治を求めて一九世紀末から活躍した政党。アイルランド議会党、または自治党とも呼ばれた。グラッドストンを支持して自治法推進に大きな役割を果たした。

12　労働党　イギリスの社会主義政党。一九〇〇年、議会に独自の労働代表を送るため、労働組合と社会主義諸組織との連合体として「労働代表委員会」が結成された。一九〇六年、労働党と改称。第二次大戦後、保守党と政権交代を繰り返す。

13　ルーズヴェルト　23頁の注6を参照。

14　進歩党　革新党ともいう。既存の二大政党に対し結成されたアメリカ合衆国の第三政党、または少数派政党の一つ。同一名称で過去三度結成された。第一回が本文にある一九一二年結成されたもの。

小党分立という困難

ところがほかのヨーロッパ諸国では、数多くの小さな政党が分立していないという国は、一つもない。なぜそうなるのか。理由は、複雑な民族問題であったり、建国当初以来、各地方それぞれが互いに不仲《ふなか》だったり、そのほかあれこれ特別な歴史的事情にもとづくのである。これらの原因が比較的少ないフランスやイタリアでさえも、政党の数は八つも九つもある。ドイツにいたっては、一四、五もあり、ハンガリーはやや少なく一〇余り、オーストリアなどはざっと大小五〇を超える政党があるのだ。

これらの国では、たんに「政党内閣」がうまく行われないだけでなく、時には「超然内閣」による政治を許してしまう場合さえある。だから、小党が分立して互いの主張を戦わせ、身動きのとれなくなった結果、どうなるかというと、議会とはなんの基盤もつながりももたない、例の官僚〔日本でいえば功臣《こうしん》〕たちが、これを好機と考えて政権を握る、いわば「特例」で政治を行うことになる。これはけっしてまれなことではない。

幸いにして「議会の多数を占める政党が、必ず内閣を組織しなければならない」という「政党内閣制」を慣例とする場合でも、その内閣の寿命はきわめて短い。しかもその内閣が倒れて、後に続く新しい内閣を組織する時、だれを何大臣にするかなど、人物・才能を詳しく調べたりするのに、いつも大変に手間《てま》どり、面倒なことになってしまう。

短命内閣という問題——フランスの例

ドイツの憲法学者ロエニング博士[15]はかつてこう言った。「フランスの内閣の平均寿命は七カ月、イタリアは一一カ月半である」と(同氏著『一九世紀における代議政体』)。フランスは第三共和政[16]が始まって、今日までで四五年になる。その間に内閣が交替したのは、最近の内閣改造までを含めて、五一回にのぼる。内閣の寿命は、一九世紀に

15 ロエニング博士(一八四三〜一九一九) 憲法及び国際法教授。一九〇一年、プロイセン貴族院議員となる。

16 第三共和政 一八七〇年から一九四〇年までのフランスの政体。フランスの議会政治はこの時期に定着したが、議会で小党派が分立し、一八九三年より議会政党化した社会主義の諸派もこれに加わり、内閣の交替が激しかった。

おいては平均七カ月だったから、二〇世紀に入ってからはいくらか長くなったのだろう。しかしそれでも、一九一三年二月に現大統領ポアンカレの首相辞任以後だけを数えてみても、ブリアン[18]内閣は二月から三月までの一カ月。バルトゥー[17]内閣は三月から一二月までの九カ月あまり。ドゥーメルグ[19]内閣は一二月から一九一四年六月までの半年。リボー[20]内閣は成立の翌日に不信任投票によって倒れ、寿命わずか一日。このあとを継《つ》いでヴィヴィアーニ[21]内閣ができた。一九一四年六月、ヴィヴィアーニ内閣ができて間もなく第一次世界大戦となり、八月、内閣改造して挙国一致内閣を組織し、昨年〔一九一五年〕一〇月末に至った。いまは再びブリアン[22]が総理となっている。

以上の例からみても、フランスでの内閣の交替がどれほど目まぐるしいかがわかるはずだ。いや、たんに目まぐるしく交替するだけではない。内閣が倒れたあとの始末《しまつ》がまた大変なのだ。その場合、ふつう大統領はすぐに上下両院の議長を官邸《かんてい》[23]に呼んで、後継内閣をどうするか相談する。だれを総理にすれば、だれとだれとを内閣に入れて、すべて完全に手抜かりなく、さてこれで議会の過半数を制することができるかと、非常に苦労し、気を配るわけである。しかもその時、この人を内閣に入れようと見当をつけている人が、幸いにも承諾《しょうだく》してくれればいいが、承諾してくれない場合には、五日も六日も人選に時を費《ついや》すことになるのである。

こういうありさまなので、「責任内閣」という考え方を貫くには「政党内閣制」がきわめて適切な制度だとはいうものの、小さな政党がごちゃごちゃと分立した状態で

17 ポアンカレ（一八六〇〜一九三四）フランスの政治家。文相・蔵相・首相を経て、一九一三〜二〇年大統領。

18 ブリアン（一八六二〜一九三二）フランスの政治家。首相・外相を歴任。第一次大戦後の国際協調外交に努め、ロカルノ条約や不戦条約の成立に貢献した。ノーベル賞。

19 バルトゥー（一八六二〜一九三四）フランスの政治家。一八九四年以来公共事業相、内相などを歴任、一九一三年には首相として三年兵役法を成立させた。

20 ドゥーメルグ（一八六三〜一九三七）フランスの政治家。一八九三年に急進社会主義者として政界に進出、一九一三〜一四年、首相。

21 リボー（一八四二〜一九二三）フランスの政治家。一九一四年六月に成立し、同月瓦解する。

22 ヴィヴィアーニ（一八六三〜一九二五）フランスの政治家。一八九三年パリで下院議員に初当選。一九〇六年以降、ブリアン内閣その他で労働相などを務める。一九一四年に首相兼外相となり、第一次大戦勃発にあたって動員令を発布、〈神聖同盟〉による挙国一致を議会で通過させた。

23 官邸　大臣・長官など高級官僚の、私宅ではない官宅のこと。

この制度を行えば、実際の成果は半減すると考えなければならない。いいかえると、「政党内閣制」のすぐれた働きを発揮させるには、二大政党が対立するようにもっていくことが、どうしても必要である。しかし二大政党が対立するようになるのは、その時のさまざまな状況によって決まるのであって、「まあ理屈ではこうなるわけだ」という、絵に描いたモチのような議論によって、うまい具合にきっちりと二つの大きな政党が対立する、などというわけにはいかない。だから、ほんとうに「政党内閣制」がうまく行われるかどうかは、国によって異なるのである。

日本で政党政治はうまくいくか

ここから問題が生ずる。「では、わが日本において政党政治はうまく行われるのかどうか」と。この問題について、私は前に引いた『現代の政治』の中で、わざわざ一章をもうけて、詳しく自分の意見を示しておいた（同書一八三〜二一六頁。〔日本に政党政治が行われ得るか〕）。

右の小論文の中で私は、第一に政党政治は理論上、善いものか悪いものかを明らかにした。第二に、理論上、政党政治は善いものだとして、では現実に日本で政党政治を行うことは可能かどうか、すなわち、わが国における諸政党の勢力は、うまく二大政党に分かれるかどうかを解《と》き明かした。そして結局、日本でも政党政治は可能であるとし、その理由をはっきりと示した。

だが可能であるとしても、日本の法律の下で政党政治は許されるのかどうか、という疑問もあるので、その問題を解決し、その次に政党政治を実際に行うことは、日本の現状に照らしてみて、利益があるのだという理由を示した。と同時に、わが国の諸政党のなりゆきは、近い将来、政党政治がおだやかに実行されるにちがいないという理由を論じた。そして最後に、政党政治が行われない場合にもたらされる不便、それが行われる場合に得られる利益をあげて、この小論文を結んだ。

右のような結論をもとにして、私はこう言いたい。「日本における憲政の進歩・発達をめざす立場からみて、諸政党が自然ななりゆきで二大政党へとまとまるように励まし、まとまることを妨《さまた》げるような原因は、力の限りを尽くして取りのぞかなければならない。そして、なぜそうしなければならないかの理由を、世間一般の人びとに訴えたい」と。

またこうも言いたい。「ことに政治家の一部には、ささいな感情にとらわれて、どうでもいいような異論をわざわざ唱《とな》えるものがある。小さな違いを捨てて、大体は同じであるから、みなで一体となって目標に向かおうという考え、おおらかさ、心の広さが、かれらには欠けている。十年のあいだ、苦しみによく耐えて信念や立場を守り通す、などという人聞《ひとぎ》きのいい口実に隠れて、政治の世界で、すねて意地を張るばかりで、人民のために何をするでもなく終わってしまう政治家も少なくない。残念なことだ。政治家に寛大な心、雅量《がりょう》が乏しいのは、いまのわが国の大変に気がかりな、心を痛めることのひとつである」と。

ロシアとドイツの政治的な遅れ

以上、私は「憲政」が十分に満足いく発達をとげるためには、「責任内閣制」が徹底的に行われる必要があることを説明した。しかしこの点は、すでに前にも述べたように、西洋ではとうの昔に解決されていて、今日ではほとんど問題となっていないのである。いまごろこんなことが問題となっているとすれば、それは憲政の発達がよほど遅れていることを示すものだ。ただ西洋では例外として、ロシアとドイツだけが「責任内閣制」を採用すべきかどうかなどということを問題としているにすぎない。

なぜロシアにこの問題があるのか。その理由は同国がヨーロッパにおける最後の立憲国として、日露戦争後[24]、民衆の間から起こった要求に迫られて、いやいやながら、しかもきわめて専制的な憲法を発布したという事情によることは、明らかだろう。

ドイツ帝国に固有の事情

ドイツ帝国にいたっては、そもそも帝国の成立事情に関連して、行政権[25]の絶対的な

24　日露戦争　一九〇四～〇五年、日本と帝政ロシアとが、満州・朝鮮にかんする権力をにぎるために争った戦争。日本が勝利し、一九〇五年九月アメリカ大統領ルーズヴェルトの斡旋《あっせん》によりポーツマスで講和条約成立。

　吉野が述べているように、ロシア民衆の不満というものもあった。ロシアは開戦前から都市における労働者の運動が活発化、農村でも一揆が頻発していた。戦争にともなう生活困窮《こんきゅう》と労働者や農民に対する軍事動員は、ロシア民衆に強い不満を引き起こした。一九〇五年一月の血の日曜日事件を契機にロシア第一次革命が勃発し、皇帝などの戦争継続論にもかかわらず、国内の革命運動を抑圧するためには講和を結ばざるを得ない状況となった。

25　行政権　国家の統治権の一つで行政を行う権能《けんのう》（「権能」とはある事柄をすることが許される資格）。行政権は内閣がもつ。行政権のほかに、立法権（議会がもつ権能）・司法権（裁判所がもつ権能）がある。

独立を主張する必要があって、「責任内閣制」を採用すべきかどうかといったことが問題となるのである。というのは、ドイツはもともとプロイセンが武力によって一国を形成し、また現にそれによって統一を維持している、というのがこの国家の性質だからである。

実際、ドイツを構成している連邦の中にはプロイセンに反感をもっている諸邦も少なくないし、歴史的な理由からドイツ政府が強大になることを喜ばない地域もある。たとえば、アルザス・ロレーヌ地方[26]の住人、ポーランド[27]人、シュレスウィヒ・ホルシュタイン地方[28]の住人、ハノーファー[29]の住人である。そのほか、カトリックの信者と社会主義者もプロイセンに反感をもち、プロイセンを中心とするドイツの国力の発展・膨張《ぼうちょう》をこころよく思っていない。このように、もともとバラバラで統一されていない諸条件をまとめあげて、強大な一つの国家を作るには、行政権によほど大きな権力を与える必要があり、かつ行政権に永続性をもたせる必要もあるわけである。

このように、利害の異なるいくつもの小国をまとめあげて一国にするという、ドイツに固有の特別な理由に基づいて「普通選挙制」を採用し、この制度によって組織することになった帝国議会である。だから帝国議会は、先に上げたさまざまな人びとの意見の代表者である以上、その要求は多種多様である。しかし一方では、行政を担当する帝国宰相《さいしょう》〔首相〕が、議会でのさまざまに異なる要求に軽々しく左右されてしまうと、ドイツ帝国の土台がぐらついて、なんとも危《あぶ》なっかしい。そこで、ドイツ帝国では帝国宰相の責任について、次のように限定した。

すなわち憲法第一七条の二項はいう。「皇帝の命令及び処分は、帝国の名において

26 アルザス・ロレーヌ地方　ドイツとフランスとの国境地方。軍事的に重要な地位にあるだけでなく、鉄鉱、石炭、カリウムなどの資源が豊富であるため、独仏両国の絶えざる係争の地となった。すなわち、普仏戦争（一八七〇〜七一）でドイツ領、第一次大戦後フランスに復帰、一九四〇年ドイツ占領、第二次大戦後フランスに復帰。

27 ポーランド　中部ヨーロッパの共和国。九世紀には王国を成し、中世後期には勢威を振るったが、近世初期から衰え、三次にわたってロシア・オーストリア・プロイセン三国に分割され、一八一五年ロシア領に編入、一九一八年独立。

28 シュレスウィヒ・ホルシュタイン地方　ドイツの一邦。同国最北端の州で、ユトランド半島の南半を占め、北はデンマークに接し、東はバルト海、西は北海に面している。

29 ハノーファー　ドイツ北部、ニーダーザクセン州の州都。中世、ハンザ同盟の一員。商工業の中心地で、大規模な見本市の開催で知られる。

発せられ、帝国宰相の副署《ふくしょ》[30]によってその効力を生ずる。帝国宰相はこれによって、責任を負う」と。つまり、ドイツ帝国宰相の政治責任を追及するような、細かい個々の項目・規定など何も存在しないのである。いいかえれば、帝国宰相は、まったく皇帝の信任だけでその職務を続けるのか・止《や》めるのかを決めるのだ。要するに帝国宰相は、議会の議論や勢力の影響をまったく受けることはない。それらの外に超然《ちょうぜん》としているのである。

ドイツ帝国の政治について若干――「超然主義」は例外にすぎないちなみに言えば、ドイツではわが国のような政府というものはない。「行政権」の中心に立つ人物は皇帝であり、皇帝の下に「帝国宰相」がある。行政全般の実際の活動は、この「帝国宰相」が行う。かれはすべての事務を法律上、一身の責任をもって取り扱う。だから、わが国の公式の「国務大臣」にあたるものは、ドイツでは帝国宰相一人である。したがって、かれは「帝国宰相」兼《けん》「外務大臣」という公的な名称をもっている。

かれの下に、別に外務大臣、内務大臣[31]、陸海軍両大臣、植民大臣[32]などがあるけれど、これは帝国宰相が取り扱うさまざまな事務の「役所の主任」という性質の者にすぎない。これらの者が集まって、帝国宰相を総理大臣とする内閣を組織するのではない。帝国宰相は、もちろんこれらの大臣と連帯して、その責任を負うのではない。ゆえに、私たちのいう「責任内閣」に相当するものは、ドイツでは帝国宰相の責任という問題になる。

そしてこの帝国宰相は、事実上、皇帝の信任だけが頼みであり、議会の勢力の外に超然として何もその影響を受けないから、宰相の政治生命、在任期間もまた長くなるわけである。先にみたフランスとはまるで正反対である。すなわち一八七一年のドイ

30 副署　明治憲法下で、天皇の文書的行為について天皇の名に副《そ》えて輔弼《ほひつ》――明治憲法の観念で、天皇の行為や決定に関し進言し、その結果について全責任を負うこと――する者が署名すること。また、その署名のこと。吉野はもちろんここでドイツ帝国の話をしているわけだが、「副署」の意味はほとんど大日本帝国のそれと同じ。大日本帝国がドイツ帝国方式を真似《まね》たのだから当然である。

31 内務大臣　内務行政、すなわち警察・土木・衛生・地方行政などに関する政務を担当する省の大臣。

32 植民大臣　植民地の統治・経営に関する政務を担当する省の大臣。

ツ帝国建国以来、フランスと同様に四五年のあいだに、宰相の職はビスマルク[33]に始まって、カプリービ[34]、ホーエンローエ公[35]、ビューロー公[36]を経て、今日のベートマン・ホルウェーク[37]に至るまで、わずか五代を数えるにすぎない。

それでもこれまで議会から宰相に対する不信任の決議がなされたことは、なかった。実際は、議会でもしばしば政府と衝突したのだが、ドイツは四方を強敵に囲まれているという国の事情があり、政治家はだれもが、無意味に国内でゴタゴタしたもめごとに係わっている不利益を知っているので、たいていの政治問題は議会が譲歩《じょうほ》したり、妥協《だきょう》したりしていた。

ただ一昨年になって初めて、議会は宰相に対してはっきりと不信任の意思を示した。しかも二度も。一度はポーランド問題について、もう一度は有名なツァーベルン事件[38]についてである。このように一年間に前後二回も不信任の意思を示すような事態になってもまだ、ドイツの宰相はカイゼル〔皇帝〕の御信任を口実にして、そのまま宰相の地位にとどまるかどうか、世間は大変に興味をもってこの事態を見たのであった。

ところがドイツの現宰相ベートマン・ホルウェークは、「議会の不信任に負けて、宰相を辞任するようなことなど断じてない」という、かたくなな態度をとった。ここに初めてドイツの「超然主義」、議会からの声を一切聞かない「超然」とした態度で政治を行うということが、はっきりと決まった。

このようにして今日、ひとりドイツだけが例外として、「超然主義」をとっている。けれどもこれは「超然主義はいいことだ」という理論上の確信に基づいて、この主

33　ビスマルク（一八一五〜一八九八）　ドイツの政治家。一八六二年からプロイセン首相。鉄血宰相《てっけつさいしょう》。ドイツ統一達成のためには「鉄と血」すなわち「軍備」が必要と説いた。普墺《ふおう》戦争・普仏《ふふつ》戦争に勝利して一八七一年、ドイツ統一を達成。ドイツ帝国宰相を兼ね、ヨーロッパ外交の主導権を握り、複雑な同盟関係の構築により帝国の安全保障に努力。

34　カプリービ（一八三一〜一八九九）　ドイツの政治家、将軍。陸海軍の行政で頭角を現し、一八九〇年ビスマルクの失脚後宰相に就任。

35　ホーエンローエ公（一八一九〜一九〇一）　ドイツの政治家。宰相在任期間一八九四〜一九〇〇。

36　ビューロー公（一八四九〜一九二九）　ドイツの政治家、外交官。一八九七年外相、一九〇〇年帝国宰相に就任。

37　ベートマン・ホルウェーク（一八五六〜一九二一）　ドイツの政治家。一九〇五年プロイセン内相、一九〇九年帝国宰相（〜一九一七）。

38　ツァーベルン事件　一九一三年一一月、ドイツのエルザス州ツァーベルンで、将校が住民に対してなした侮蔑的言辞によって引き起こされた、軍と住民との衝突事件。

義・考えで政治を行っているとみるべきではない。そうではなくて、ドイツが統一されてドイツ帝国となった時の特別な、やむを得ない事情によっているのである。[39]だから、ドイツのような特別の事情がないほかの国々では、今日「超然主義」をとるような国など、一つもないのである。

日本の内閣制度の過去と現在

ひるがえって、わが国の状況はどうか。私のみるところ、まずまず適当な進路をとっていると思う。「責任内閣制」が十分に貫かれているとはいえないにしても、今日議会で不信任が可決した場合、内閣は総辞職せざるを得ない、——ということは、すべての人が確信しているようだ。だからこそ、不信任決議がまちがいなく行われるとわかると、政府はいつも事前に議会を解散するというのが習慣になっている。

明治一八年（一八八五）一二月、時の伊藤博文《いとうひろぶみ》伯爵《はくしゃく》[40]を総理大臣として初めて、今日の内閣[41]制度ができて以来、内閣が交替したのは前後約二〇回になるが、そのほとんどは議会との衝突の結果である。そのはじめ、「超然主義」内閣を主張していた時でさえも、議会の反対にぶつかってしまった場合には、もうそのまま内閣を続けることはできなかった。当時、わが国の「超然内閣」というのは、議会に代表者をもつ政党から「超然」としているという意味であって、議会の決議から「超然」としているという意味ではなかったらしい。

明治三〇年代半《なか》ば過ぎから、桂太郎《かつらたろう》・西園寺公望《さいおんじきんもち》[42]が互いに交代で政権を握るという慣例になり[43]、いまでは「政党内閣制」が十分には貫かれないまでも、ともかくも議

39　261頁以下の、ドイツ帝国に固有の事情、の一節を参照されたい。

40　伊藤博文（一八四一～一九〇九）　明治時代の代表的な藩閥《はんばつ》政治家。長州藩士。吉田松陰《よしだしょういん》の松下村塾《しょうかそんじゅく》に学ぶ。討幕運動に参加。維新後、藩閥政権内で力を伸ばし、憲法制定の中心となる。一八八五年内閣制度を創設し、初代首相に就任。

41　内閣　日本の行政権を担当する最高の機関。首長としての内閣総理大臣とその他の国務大臣で組織する合議体。一八八五年、太政官《だじょうかん》制を廃して設置。明治憲法下では各国務大臣《こくむだいじん》は行政権を保有する天皇を「輔弼《ほひつ》」する存在にすぎなかった。一方、日本国憲法では内閣が行政権を保有する。内閣がその職権を行うには閣議による。

42　西園寺公望（一八四九～一九四〇）　政治家。明治・大正・昭和三代にわたり首相、元老として天皇制政権の中枢にあり、立憲主義の確立、維持に努めた。

43　慣例になり　いわゆる「桂園《けいえん》時代」——日露戦争後、桂太郎と西園寺公望が首相として交互に政権を担当した政治形態の総称——のこと。

会の多数派と何らかの形で結びつかなくては、だれであっても内閣を組織することができない状態になっている。私たちは、ますますこの勢いを助け、発達させることに努めて、政党政治がいっそう完全に実行されるようにすべきである。

こういう立場からみて、時に唱えられる「挙国一致《きょこくいっち》内閣」[44]とか、また、計略を好んで用いる一部の人びとが、時に夢想するような、才能と知恵のある頭の鋭い人間を集めて内閣を組織する「人材《じんざい》内閣」とかいう考えを、私たちはキッパリと退けなければならないと信じる。たとえそれらによって一時的にいい結果が出たとしても、「憲政」の進歩をめざすという点からみれば、役に立たないだろうからである。

「議会」が政治の世界の中心だ

というわけで、私たちは今日、「政党内閣」「政党政治」がより徹底され実行されるように大いに努力し、かつ論争しなければならないのである。一部の政治家にみられるように、正しい判断ができずガチガチにこり固まった考え方を打ち破る必要があるからだ。そして、「議会」に政府をよく監視し取り締まらせて、「議会」にこそ、政治の世界の中心勢力となる力を与えるために、こういう努力、論争がきわめて必要だと信じるからである。

「民選議院」の政治的優越を妨げるもの——「上院」

「議会」が政治の世界の中心勢力であることは「憲政」の運用上、きわめて必要である。だからこそ、私たちはこれまで「責任内閣制」をわかり易く説明してきたのだけれど、西洋ではさらに一歩進んだ国もある。すなわち一、二の国では議会、ことに「民選議院」を政治の世界の中心勢力とするためには、政府はもはや強い影響力をもつ障害物《しょうがいぶつ》ではない。今日なお、いくらかでも「民選議院」の政治的優越を妨げるものがあるとすれば、それは「上院」である。

そこで最近、この上下両院の関係にかんして、下院の優越をしっかりと制度化しようという説が出てきた。たとえば上下両院それぞれの意見がちがい、両院がお互いに向きあって対立し、共に自らの意見を譲《ゆず》らないという場合、どうやってこの難関を切

44 「挙国一致内閣」 政党や社会勢力の複数の競合を前提とする議会体制の下《もと》で、戦争や深刻な社会危機に際して、主要政党の大半や有力社会集団の参加と支持を得て形成される内閣。「挙国一致」とは、国民全体が一致して同じ態度をとること。

り抜けるのかという問題が起こる。もちろんこれをそのままにして置くわけにはいかない。だがこの場合、上院の意見を通して下院のそれを通さない、つまり「上院の勝ち」とするのでは、「民本主義」の要求〔人民の考え・意向を聞いて政治を行うこと〕を貫くことができない。こういう状況に対処するため、上下両院の意見がちがう場合には、結局、下院の意見を通す、「下院の勝ち」とするほかはないだろう、という考えが起こってきたのである。

もっとも、こうなるとわざわざ上院を作った目的に背くようにもみえる。けれども、下院の決定した事項に対して、なぜその上さらに上院にもあれこれ文句《もんく》をいわせるようにしたのかを考えてみればいい。それは下院によって代表されている民衆の知識や見聞がまだ十分に発達してない、という前提があったからである。ところがその点で、今日の民衆の知識、見聞の広がりはかなりのものである。したがって上院が干渉して下院を自由に行動させないということはやめて、下院の優越を認めたとしても、事実上、それほどの不都合もないといえる。こういう点からみると、下院の上院に対する優越を制度の上に認めるという案も——特に民衆の知識・見聞がかなりしっかりしている国では——、一面ではいいことだと認められる理由があるのだ。

「下院の優越」――イギリスとオーストラリア連邦の場合

ただし、「下院の優越」を制度として認めた国は、今日ではまだきわめて少ない。その主な国は、イギリスとオーストラリア連邦である。そのほかの国では事実上、上下両院で意見が対立し、お互いに譲らない場合には、「緊急勅令」[45]とか「臨時」「緊急」の行政処分[46]などの方法によって、一時的にあいまいな処置でごまかしている。

しかし、いつもこのような方法に頼っていては、行政権のわがまま勝手な態度をつけあがらせる恐れがあるので、上下両院で意見が対立した場合にどうするかという問題は、結局、議会自身に解決させるのがいいのである。したがって将来は上下両院にかんして、どちらが「優越」しているか・すべきかの問題は、世界各国で盛んに議論

45 「緊急勅令」 明治憲法下でいえば、議会閉会中、公共の安全を保持し、または災厄《さいやく》を避けるため、緊急の必要により、法律に代わるべきものとして天皇が発した勅令《ちょくれい》。

46 行政処分 行政機関が、法規に基づいて権利を設定したり義務を負わせたりすること。行政機関とは、国家の行政事務を担当する機関。内閣の統制下にある中央行政機関と地方行政機関とがある。立法機関・司法機関に対していう。

されるだろうと思われる。

いまのところ、イギリスとオーストラリア連邦だけが「下院の優越」を認めているにすぎないけれど、近い将来は、たぶんアメリカ合衆国がこの考え方を制度化するだろうと思う。合衆国では、一九一三年ごろからすでに「下院の優越」は政治の世界での具体的な問題となっている。たんなる一つの理論としてならば、この説はすでに長くヨーロッパ諸国でも唱えられていたのである。

上下両院の意見が対立して、議会が動かなくなった時、どう解決するか。イギリスとオーストラリアで解決法は異なる。オーストラリア連邦ではあくまでも「上下両院が対等」の原則を守りながら解決しようとしている。一方イギリスでは、上院の職務上の権利が及ぶ範囲を制限し、強制的に下院の決定にしたがわせることによって、「下院の優越」を実現しようとしている。詳しくいえば、次のようになる。

一　オーストラリア連邦の解決法

一九〇〇年七月九日のオーストラリア連邦憲法は、第五七条で、上下両院の対立を解決するために、二つの方法をもうけている。

（甲）両院を同時に解散して、新しい議会を組織し、改めて扱われている事項を議論し、検討する方法である。詳しくいえば、こんな具合だ。

「①下院で可決した法案を、上院が否決したかまたは可決しなかった時、あるいは上院が、下院で可決した法案を修正して上院を通過させた時に、下院がその修正に同意せず、しかも三カ月を過ぎてのち、下院で再び同法案を可決した時、――同一の国会会期中でも次期国会の会期でも関係なく、また先に上院の加えた修正を可決したかしないかに関係なく――上院が再びこの法案を否決したかまたは可決しなかった場合、または、②上院があらためて修正を加えて、下院がその修正に同意しなかった場合」には、下院議員の任期満了前六カ月を除いて、総督《そうとく》[47]はいつでも「代議院と元老院とを同時に解散することができる」のである（オーストラリア連邦憲法、第五七条第一項）。

しかし、上下両院を解散して新しい議会を組織しても、またしても両院の意見が衝突することもあるだろう。そこで第二の方法が用意された。すなわちこうだ。

47　総督　海外植民地、自治領、属州などを統治する行政長官の官職名。ここでは、イギリス連邦を構成するカナダ、オーストラリアなどに置かれる総督のことで、イギリス国王の名代《みょうだい》（代理人）というべき地位にある。

（乙）上下両院を合同して、討議させ投票させて決定するという方法である。詳しくいえば、こうである。

「上下両院が解散した後、下院が再び問題となっている法案を可決し――上院が、その法案に修正を加える・加えないに関係なく――、上院がその法案を否決するか、またはこれを可決しなかった場合、あるいは、上院があらたに修正を加えて上院を通過させたものが、下院の同意を得なかった場合」には、総督は、上下両院の議員を合同集会に呼び集めることができる（オーストラリア連邦憲法、第五七条第二項）。

そしてこの場合、「各議員は、この合同集会においては、下院が最終的に提出した法案、ならびに上院がこの法案に加えた修正条項に下院が同意しなかった時は、この修正条項について、討議し投票して法案を通すか・通さないかを決定するものとする。修正条項にかんして、上下両院の議員全員の絶対多数[48]が賛同した時には、この法案は可決されたものとみなす。また、提出された法案――修正があるかどうかに関係なく――については、同じく上下両院の議員全員の過半数が賛同した時には、これをもって法案は議会の両院を適法に通過したものとみなし」総督に提出して、国王の裁可を求めなければならない、となっている（オーストラリア連邦憲法、第五七条第三項）。

こうなっていれば、上下両院の意見の対立は結局のところ解決され、「民選議院」の意思は、原則として最後には十分に満ち足りたものとして貫き通すことができるのである。

二　イギリスの解決法

一九一一年八月一八日、国王の裁可を得たイギリスの「議会法《パーラメント・アクト》」は、政治の世界に大変な波乱を巻き起こした。この「議会法」は、一七一六年以来のきまりだった下院議員の任期七年を五年に改めたほかに、上下両院が意見対立した場合の解決策として、次のような新しい原則を定めた。

（甲）財政[49]にかんする法案については、「議会閉会の少なくとも一カ月前に、下院で可決された財政にかんする法案（A）の提出を上院が受けた場合に、かりに上院が閉会以前にそのまま修正を加えないでこれ（A）を可決しない時は、この法案（A）は

48　絶対多数（たんに多いだけでなく）全体の中の過半数を占めること。したがって、すぐに続く本文中にいう「上下両院の議員全員の過半数」とほとんど同じ意味ということになる。
49　財政　国家（また地方自治体）が、収入を得、経費を支出する、経済上の行為。

ただちに――上院が法律案を成立させるための意思表示は要《い》らない――、国王の裁可をもらって」法律となる。

「財政にかんする法案」とは、租税、国庫金《こっこきん》[50]の収入支出、そしてこれに付随する事項にかんする規定だけを含む法案であり、その認定は下院議長の権限にあるとされている。このようにして、少なくとも財政にかんする事項については、上院の権限は名ばかりで実質はないものとなっている。

(乙) 財政以外の事項にかんする法案(B)については、「下院において、会期ごとに可決して三度に及び、上院もまた三度これを否決した場合には、三度目の否決の後、国王の裁可を経て法律となる。ただし、三会期は必ずしも同一国会の継続期間中であることを必要としない――総選挙によって中断されても、問題はないという意味――とはいえ、当の法案(B)の最初の第二読会《どっかい》[51]終了の時と、その最終の第三読会終了の時とは、少なくとも満二カ年にわたる必要がある」とある。

これまた、手続きは多少複雑であるけれど、結局のところ、下院に絶対的な優位を認める規定であることは同じである。

イギリスとオーストラリア連邦――共通点と相違点

以上に述べてきた、イギリスとオーストラリア連邦それぞれのやり方を比較してみてわかることは、二つある。

第一に、上下両院で意見が対立した場合にどうするかという問題は、「下院が同意している提案に対して、上院が賛成を拒める場合」に限られているのである。しかもその場合でも、下院の提案が結局は通ることになるのは、先にみたとおりである。他方、上院の提案を下院が拒める場合は、そもそも初めからなんの問題もない。つまり、下院の意向のとおりになるというわけだ。この点で、イギリス・オーストラリア双方共に、まったく一致している。

50 国庫金　国家の活動を財政活動とみた場合、または国家を財産権をもつ主体とみた場合に、「国庫」といい、国民経済に大きな影響をもたらす現金を「国庫金」という。

51 読会　reading（イギリスの議会で、印刷術の進歩しなかった時代に、書記官に議案を三度朗読させたことに起こるという）議会で法令などを審議する際、最初に全体的に検討し、次いで各条審議をなし、最後に重ねて全体的に検討し決定する制度。日本の旧議院法には三読会の規定があったが、現在の国会法にはない。

だから「両院が衝突した場合の解決」とは、ただ上院の反対によって阻まれた「下院の意思」に対して、その実現の機会を与えようとするものにほかならない。逆にいえば、下院の反対を受けた「上院の意思」を実現する機会は、ついに永久に与えられないということだ。

第二に、こんどはイギリス・オーストラリアの解決法の間にある大いに「異なる点」に注意しなければならない。

オーストラリアでは、上下両院の議会を解散することによって、両院のどちらにも反省を求め、それでもなお結論が一致しない時は、両院が合同して集会をする。だから外見上は上下両院を対等に扱っている。とはいえ、事実上は合同会議において数の上で優位を占める「下院の意思」が、結局最後は通ることになるだろう。しかし、まれに上院の議員が下院の反対派とぐるになって、下院の多数を占める政党に打ち勝つことが絶対ない、とはいえない。

これとは逆に、イギリスでは、財政にかんする法案や事項について、上院が口出しするのを初めからまったく許さない。そのほかの事項についても、三会期にわたり同一の法案を討議するという複雑な手続きを尽くす。そうする間に、事実上、上下両院は反省し、真剣に相談し、人々を説得したり、そのほかの運動をする余地が与えられる。しかしそれを除けば、結局、「下院の意思」に絶対の価値を認めていて、上院からくる圧力・抑制をまったく退けている。

さて、いまみた「上下両院が衝突した場合の解決策」として、オーストラリア型とイギリス型と、どちらが「うまいやり方」であるかは、政治上、大いに研究すべき問題だ。

イギリス国民だから可能なイギリス流

イギリス流の方法と、オーストラリア流の方法の、利害得失をいまここで詳しく比較している余裕はない。ただ、「両院が衝突した場合の解決」方法に関連して、はっきりしている点がある。それはイギリスにおいては、下院の決定に最終的な権威を与えても、それほど不都合はないという点である。

その理由は二つある。一つは、イギリス国民が政治に対する考え方・行動の仕方にかんして、よく訓練されていることである。それに加えて二つは、世にすぐれた才能をもつ人びとは、ほとんどみな下院に集まっているというのが実際の状況だからである。だからイギリスでは、下院の決定を、さらに上院で議論するのは、いくらか「屋《おく》上屋《じょうおく》を架《か》す」（「屋根の上にさらに屋根をつくる」）ような、無用な感じになってしまうかもしれない。

しかし、これは国民の知識・見聞の水準とか、国の歴史的背景そのほか、国の事情によるのであって、イギリスではこのようなイギリス流の方法で問題ないのである。だから国民や国の事情が同じでない、ほかの国々が軽はずみにイギリス流を真似《まね》するのは、もちろん好ましいことではない。この点からいえば、実際の方法としては、オーストラリア流のやり方のほうが危なげないだろうと、私は考える。

「憲政の精神」は「民本主義」にあり

以上説明してきたところからみても、「憲政」の運用上、西洋の諸先進国がどれほど「民選議院」を重視しているかを知ることができる。これは、つまるところ「憲政の根本的な考え方・その大切な精神」は「民本主義」にあり、「民本主義」を徹底的に実現することは、――前に述べたさまざまな改革を前提として――結局は、「下院」こそを、政治を行う上での中心的な勢力とすることにあるからなのだ。こういうわけで、世界各国の知識人、判断力に富む人びとは、制度上また事実上、どのようにしたら下院に対して、「上院や政府よりも優越した地位を与えられるか」と、あれこれ知恵をしぼっているのである。

いまや、わが国においては「責任内閣」の意味と重要性がようやくはっきりしつつある。これは大いに喜ぶべきことだが、しかし民衆の勢い・考え・意向を直接に代表する下院の堂々としたおごそかな様子と、下院に寄せる世間の多くの人々の尊敬・信頼とが、それほど重くないのは、じつになんとも残念なことだ。なぜこうなのか。理由の一つは、下院を構成する議員自身のしっかりした考えとか判断力、また人間としての上品さがまだ不足しているからである。

制度の上で、どんなに「下院を重視しなければならない」と言ってみても、実際、すぐれたところもなく、徳も少なく、頭のはたらきの鈍《にぶ》い者ばかりが集まるのでは、世の人びとは、そんな彼らに対して期待も尊敬もしないだろう。すぐれた才能と上品さのある人びとが集まらないから上院に対しても勢いを欠いてしまう。また政府を組織しようとしても、少なくとも首相は、下院議員ではない、だれか外部の人間から選ばなければならないという、ぶざまな行為を演じてしまう。

すぐれた才能と上品さのある人びとが集まらないから政治的な勢いを欠き、勢いを欠くから、おのずから才能ある人びとを自分たちの仲間に加えることができない。こういう悪循環のために、「責任内閣制」は十分にその妙用《みょうよう》、絶妙《ぜつみょう》な特性を現すことができないのである。今日の有り様では、どんなに下院が威張《いば》ってもダメである。どんなに下院を重視しなければならないと叫んでも、実際の勢力はともなわない。だから、私たちは一方では、大いに議員諸士が自分の行いを慎《つつし》んで、軽々しくふるまわないように、力の限り努力するよう求める。他方、天下の国民に向かって、選挙の際に代議士を選ぶ方法を間違わないように願うだけでなく、自分の選んだ代議士に対して、直接にも間接にも、いましめ励ますよう、痛切に希望せざるを得ない。

さあ、元老そのほかの高くて重要な地位にある政治家に向かっては、こう言おうか。——「超然」として上から目線で無意味に下院をののしって、民衆の代表である政治勢力をさげすむ態度をとらないでもらいたい。元老ほか高い地位にある政治家もまた国民として、私たちと同様に国家のために下院がいかに重要な政治の組織であるかを、人びとに伝える活動に協力されることを、どうしても希望しないではいられない。

〔『中央公論』一九一六年一月〕

解説　吉野作造──日本における「デモクラシー」の先駆者

山田博雄

1　吉野作造の代表作

本書は「民本主義」や「大正デモクラシー」とともに知られる吉野作造（一八七八～一九三三）の「憲政の本義を説《と》いて其《その》有終の美を済《な》すの途《みち》を論ず」（『中央公論』一九一六年一月号。以下「憲政の本義」とも略記）を現代語訳したものである。

この本では表題を『憲政の本義、その有終の美』とした。吉野の表現にみえる一種の妙趣《みょうしゅ》、おもしろさを伝えるためである（「憲政の本義」と「有終の美」？　この組み合わせの妙用）。吉野作造の日本語表現は、しばしば不思議におもしろい。吉野は一見平易な表現を使って、たんに道理にかなった知的・論理的な側面だけでなく、同時にまた人情の機微に通じた感情的な側面も言いあらわす。分析の鋭さと余裕、柔軟性と奥深さ、開放性と普遍性が、吉野の評論のうちに感じられるのはそのためであろう。

2　「憲政」（立憲政治）――「憲法」は政府への命令

「憲政」とは「立憲政治」の略称であり、憲法を立てて、それに基づいて行う政治をいう。そしてその憲法とは、政治権力（または政府）を制限し、しばりをかける、いわば政府への命令である。したがって立憲政治がうまく機能しているかどうかは、政治権力がしばりや制限を受け、よく監視されているかどうかにかかっている。それが各国憲法に「共通する考え方・精神的な根底」、すなわち吉野作造のいう「民本主義」の、不可欠の一面である（本書六六頁。以下、頁数だけ記す）。

だから、もし「制限」がイヤならば、初めから「立憲政治」を採用しなければいいのだ（一二六頁）。他方で、もし「君主の自由行動」を文字どおり厳格に貫くつもりなら、あらゆる大臣の選出そのほかについても、誰にも相談せず、君主が全く自分一人の考えで決めなければなるまい。だが実際上、そんなことはあり得ない（一二九頁）。明治政府における事実は、天皇主権の名の下に一部の特権階級（主に薩長藩閥《さっちょうはんばつ》系の政治家、官僚など）が、政治をほしいままにしているのではないか。

大日本帝国憲法も「憲法」である以上、もちろん政治権力を制限するはずだが、実際はそのように機能していない（「超然内閣」など）。大日本帝国憲法が「外見的立憲主義」といわれる所以《ゆえん》である。それをいわば実質的な「立憲政治」にしようというのが、吉野の意図であり、「憲政の本義」を説いて、「有終の美」をなす道を開くはずのものである。

吉野作造の議論はほとんど常に巧妙である。権力の制限をいう文章にもそれがいえる。

「制限」という言葉を使えばこそ、世間の人びとはいかにもこの言葉を気にし、その内容を気にするけれど、もし「制限」に代わって「道《どう》」（人として守るべき物事の道理）という言葉を使ったら、どんな反応を示すだろうか。すなわち「立憲政治」は、わがまま勝手な政治ではなく、「道」に基づいて国家を治める政治なのだとすれば、「道」は、そのまま「主権者」の自由な行動に対する一種の「制限」ではないか。

しかもこの「道」は、法律にも政治にも効力を発揮する。いいかえれば、君主の大権は、法律上でも政治上でも、勝手きままな行動を許されず、さまざまな「制

限」を受けている。――というのが、立憲制をとる国家に共通することなのである。（二二四～二二五頁）

「道」という儒学的な意味合いをもつことばを使って、「主権者」（君主、天皇）の権力を「制限すること」に反対する人びと自身の価値観を尊重し肯定しつつ、むしろかれら以上に、その価値観――精神的、倫理的、道徳的な意味合い――を強調し、刺激して、結局のところ、かれらの価値観を射抜いてひっくり返す。偏狭な価値観から普遍的な価値観への転換の必要を平易にして明快に説いていくその鮮やかさ。――吉野作造の語り口は穏やかそうでいて、きわめて鋭い。

3 「民本主義」とは何か

「民本主義」は吉野作造の造語ではない。すでに吉野以前に使われていたが、ここではこのことばが「デモクラシー」の訳語であることを確認すれば足りる。「民主主義」そのほかの訳語もあるが、吉野は「民本主義」をとって「民主主義」をとらない（その点は後述する。7参照）。

吉野は「民本主義」をこう定義する。

一つは「政治権力を運用する究極の目的は「一般民衆のため」」でなければならないこと。

二つは「政策の最終的な決定を、人民の考え・意向に基づくべき」だということ。

「一般民衆のため」に「人民の考え・意向」によって、政治を行うこと。これが「民本主義」に普遍的な精神であり、近代の憲法に基づく政治の目的であって、国家の政治体制が「君主制」であろうが「共和制」であろうが関係はない。だから「民本主義」は、いやしくも大日本帝国憲法という「憲法」をもつ「立憲君主制」の国である限りは、当然日本においても成り立つはずのものである（「民本主義」の普遍性）。

吉野作造が目ざしたのは、「立憲君主制」の「君主制」の部分（天皇の権力）をできるかぎり制限し、「立憲」の部分（政治権力を制限し、しばりをかける要素）を最大限にして、「一般民衆」の考え・意向をできるかぎり尊重することだった。

他方で、吉野とは正反対に「君主」（天皇）を一種特別な存在と考えて、その権能を最大にし、「立憲」の要素を最小に抑えようとする立場もあった（「国体観念」「君主主義」、日本の特殊性の強調。6、7参照）。

4　民衆の登場、「憲政の本義」の反響、「デモクラシー」論の由来

吉野が「民本主義」を唱えるに至った理由は、時代状況の変化が大きい。二〇世紀に入ってからでも、日露戦争後の日比谷焼打事件《ひびややきうちじけん》（一九〇五年）や、米《こめ》騒動（一九一八年）などがあり、政治における「民衆」の台頭を印象づけた。

ことに大正元年から翌年初頭にかけて起こった陸軍の軍備増強問題は、それに反対する第二次西園寺公望《さいおんじきんもち》内閣の総辞職と、後継内閣選出の難航、第三次桂太郎《かつらたろう》内閣の成立によって、民衆による藩閥政府への批判を強めた（桂内閣は三カ月で総辞職）。すなわち「憲政擁護・藩閥打破」を標語として掲げる第一次憲政擁護運動（一九一二年〜一三年）であり、民衆運動が内閣を打倒した最初のものである（「大正政変」）。

吉野が三年にわたる欧州での留学を終えて帰国したのは、この大正政変の直後だった。留学中もウィーンで民衆による静かで整然としたデモ行進（労働運動）などを目撃し、強い印象を受けたりしている。また、ロシア第一次革命や、一般国民をも巻きこんだ第一次世界大戦の勃発もある。東西を問わず、民衆の政治世界への登場である。

吉野の「民本主義」は、その「一般民衆のため」の、「人民の考え・意向」に沿った

政治の提唱であり（「憲政」擁護に対応するだろう）、少数の特権階級が独占する政治から、より多くの民衆が監視する政治への移行の提唱である（「藩閥」打破に対応するだろう）。

そのような民衆の動きに刺激され、その動きに対して吉野が思想的な形を与え、民衆を後押しする理論として提出したのが、「憲政の本義」ということもできる。直接的なきっかけは、本書冒頭にあるように選挙干渉など「憲政」なるものにかんする、知識人を含めた民衆の認識不足を批判し、理解を促進するためである。

この「憲政の本義」は——ことに「民本主義」を説明する部分などは——、ほとんどそのまま、一九一五年度の大学での政治史講義に原型がある（『吉野作造政治史講義』二〇一六年参照）。つまり「憲政の本義」論文は、限定された少数の学生に向けて語られた内容を、知識人のみならず、広く不特定多数の一般の人びとに向けて語り直し、「憲政」の正確な理解をみんなで共有しようとしたもの、ということもできる（一五頁以下）。

そしてこの論文の出現以来、「斯《こ》うした方面の政治評論は頓《とん》と隆盛《りゅうせい》を極《きわ》むるに至《いた》つた様《よう》である」（吉野作造「民本主義鼓吹時代の回顧」一九二八年）。このように「憲政の本義」論文は大きな反響を呼び、同時に左右両方から批判された。反響が大きかった理由は「其頃《そのころ》まださう云《い》う方面の研究が普及乃至《ないし》流行して居《い》なかつた為《た》めではあるまいか」（同「回顧」）。「さう云う方面」とは「デモクラシー」のことで、その研究が普及も流行もしていない時代に、吉野は東京帝国大学の学生のとき、すでに「デモクラシー」論を小野塚喜平次《おのづかきへいじ》（一八七〇～一九四四）の政治学から学んでいた。

小野塚は政治を論じて、それまで支配者の技術とされていたものを、国民生活のための重要な活動であるとした。吉野はこれに深い印象を受けたと自ら述べている（同「回顧」）。吉野のいう「民本主義」は小野塚の政治学にまっすぐ連なることは明らかだろう。他方で、キリスト教徒である吉野には、海老名弾正《えびなだんじょう》（一八五六～一九三七）の影響も大きい。すべての人のしあわせのための政治でなくてはいけない（賛育会の活動など）。——小野塚、海老名二人の思想は、吉野のうちに、より高い水準で幸福に総合されていたようにみえる。

5　時代の常識の一側面

「憲政の本義」の出た時代はどんな様子だったか。第二次大隈重信《おおくましげのぶ》内閣の時の、第一二回総選挙に際してのこと。大浦兼武《おおうらかねたけ》内相の行った選挙干渉について、大浦本人がいう。「はじめは自分が賄賂《わいろ》を贈った行為が、なぜ不正なのか、全然わからなかった」（二四〇頁）。まるで賄賂を贈るのがなぜ悪いのだ、国家のためではないか、とでもいった口ぶり。こんな例もある。石川県では大隈重信の後援会が、ある候補に投票させようと「棄権防止に名を藉《か》りて」、巡査に戸別《こべつ》訪問させ、「無記名投票とは言っても、誰が誰に投票したかは、警察のほうでチャンとわかるようになっている」のだと言っておどしていた（今井清一編著『日本の百年』第5巻「成金天下」ちくま学芸文庫、二〇〇八年）。「棄権」すること、「選挙に行かない」こと自体が、それだけでひょっとすると身の危険を感じさせられるような様相を呈していた。当時の政治家や官僚にはこれが常識だったのだろう。だからこそ「立憲政治」の正確な理解の必要を、吉野は説かざるを得なかった。

もっともさすがの吉野も世の常識なるものから免《まぬか》れていたわけではない。メキシコやスペイン人に対する、今日からみての一種差別的な言説はその一例だ（二一頁以下）。ある時代の卓越した思想家もまた、その時代の思考の枠組みから完全に逃れるのは至難のわざというべきか。それが人間の条件（限界？）なのかもしれない。ただ吉野の場合、一つの考えに固執《こしつ》して動かないのではない。間違いと気づけば、改めるに憚《はばか》ることはないはずだが。

6　憲法論争

大日本帝国憲法下で、日本の特殊性、「国体観念」を強調して政治権力を制限することを拒絶し、吉野のいう「民本主義」を否定しようとする考え方があった（六四～六五頁）。「主権」の観点からいえば、これは「君主主権」である。すなわち君主（天皇）が政治権力を握って、政治を行うこと。その説をとる代表的な憲法学者の一人は上杉慎吉《うえすぎしんきち》（一八七八～一九二九）で、「天皇機関説」の美濃部達吉《みのべたつきち》（一八七三～一九四八）と論争を起こしている（一九一二年。後年、美濃部の学説は国家主義者によって批判され、葬《ほうむ》り去られることになる〈一九三五年の「天皇機関説事件」〉。そのときすでに吉野は他界していた）。

一九一〇年代、二〇年代当時、学問上では美濃部説が通説として受け入れられていた（ちなみにいう。昭和天皇自身はといえば、美濃部の考え方を理解し、その考え方を共有していた〈参照、高見勝利「解説」『憲法講話』岩波文庫、二〇一九年〉。これは大変興味深い事実にちがいない）。

美濃部の考え方はこうだ。――「もし君主が一人で国家の総《すべ》ての権力を掌握《しょうあく》して居《い》ることを、君主政体の特色とするならば、君主政体の国は今日の世界には殆《ほとん》ど全く無いと言わねばならぬ」。「君主が一人で国家権力の全部を掌握することは、決して君主政体の要素ではないのであります」。「君主政体の国でも君主のほかに国会があって、国政に与《あずか》るの権を有《も》って居《お》り、その点においてはやや共和政に近い要素が含まれて居るのであ」る（美濃部『憲法講話』一九一二年）……。

吉野作造が、この美濃部の憲法解釈の立場に近いことは明らかである。「君主の大権は、法律上でも政治上でも、勝手きままな行動を許されず、さまざまな「制限」を受けている」のだ、というような例がそれを示すだろう（2参照）。ただし吉野は「民本主義」を法律論として論じない。論じるのは政治論として、また運用論としてである。

7 「主権」の所在の有無――「民主主義」と「民本主義」のちがい

なぜ法律論として論じないか。法律論となれば「主権」の問題に係わるからである。

吉野が「民本主義」を法律論として論じない理由の、それがほとんどすべてといっていいかもしれない。要するに「民主主義」は「主権」は誰にあるかが問題となり、「民本主義」ではその点は問題とならない（しない）、ということに尽きる。

理由は複雑ではない。大日本帝国憲法では、天皇が主権をもっていること（天皇主権説）は明らか（のはず）だから、「主権」問題という法律論でいえば、はじめから疑問の余地はほとんどないからである。天皇主権説の法律論的根拠は、「大日本帝国ハ万世一系《ばんせいいっけい》ノ天皇之《これ》ヲ統治ス」（第一条）であり、また「天皇ハ国ノ元首《げんしゅ》ニシテ統治権ヲ総攬《そうらん》シ此《こ》ノ憲法ノ条規ニ依《よ》リ之《これ》ヲ行フ」（第四条）である。したがって大日本帝国憲法下では、「主権」が誰にあるかは、はっきりしていて、その点はそもそも問題にならない、――というのが吉野の立場。

ところが「民主主義」というと、「主権」が「人民にある」とする理論上の主張であるから（七三頁）、日本のように「天下を統治する天皇を国権の総攬者」とする国家では、「民主主義」は「まったく通用しない考えである」（同）。ゆえに吉野は「民主主義」ということばをとらない。

一方、「民主主義」と同じく「デモクラシー」の訳語である「民本主義」は、吉野によれば「主権」とは何の関係もない考え方である。法律上、主権が天皇にあることははっきりしています。でもそれがいったい何だというのです？　「民本主義」を行うのに何のさしつかえもありませんが……。吉野の意図はそういうことになろう。より即物的にいえば、「民主主義」は「君主主義」と並べたとき、さまざまな点でいかにも挑戦的に映るにちがいない。「民本主義」ならば、そんなに露骨なことにはならない。

その点でおもしろいのは、大学の講義では学生たちに向かってじつに自然な様子で（?）「民主主義を採《と》るべきや君主主義を採るべきや」と、あからさまに並べて講じていることである（前掲『吉野作造政治史講義』）。一方、不特定多数が読む雑誌（『中央公論』）に発表する際には、内容はほとんど同じなのに、大学の講義とはちがって、「民主主義」と「君主主義」の対比がことさらに目立つようには述べていない。要するに「民主主義」ということばのもつ、つまらぬ誤解の可能性を慎重に避けたということの、これは一つの傍証になり得よう。

ともかくも「民主主義」とは異なり、「民本主義」ならば、誤解される危険性は少なく、また実際、吉野によれば「主権」の問題にも一切触れないのだから、天皇に主権があろうが、なかろうが、つまりは大日本帝国憲法の下であっても、「民本主義」すなわち「デモクラシー」は成立可能だという結論になる。早い話が、「民主主義」と混同されて「民本主義」を否定されては迷惑千万《めいわくせんばん》だ、というのが吉野の説明の狙いにほかならない。そうだとすれば、読者は「民主主義」と「民本主義」の区別を正確に理解しようとしても、じつは十分な明快さをもって腑《ふ》に落ちるには至らないということにもなり得るだろう。

事実、あんなにあれこれと両者のちがいを説明している理由も、つまるところは、この一点――「民主主義」と混同されて「民本主義」を否定されては迷惑千万――にあり、またこの一点のみにあるはずである。というのは、「民主主義」と「民本主義」のちがいを長々しく語ったあとに、では「一国の政治を動かす権力をもつのは、つまるところだれなのか、という問題に係わっている」（八六頁）と結論するに至って、元に戻ってしまうのだから！「したがって、わが国のように、天皇が「国家の政治のあり方を最終的に決める権利、人民を支配する権力」をもつ君主国体であることが、初めからはっきりしている場合には、「民主主義」の考えが通用しないのはもちろんだ。そのことに全く疑問の余地はない」（同）……。

8 「民本主義」ということばのひとり歩き

というわけで、「民本主義」なることばそのものは、吉野にとって後世の「イメージ」ほどに大きな、抜きがたいものでは必ずしもなかった。現に「憲政の本義」について、のちに自ら述べている。「民主主義と率直に云つては其筋《そのすじ》の忌諱《きい》に触れる恐れがある」、ゆえにそれを避けるため、こんな「曖昧《あいまい》な文字を使つたのかと非難されたことも稀《まれ》でないが、そんな非難は敢《あえ》て気に掛けるにも当たらぬとして」云々《うんぬん》と(前掲「民本主義鼓吹時代の回顧」)。これは後年からふり返ってのハッタリだろうか。しかし、かりにそうだとしても、そもそも「民本主義」ということば自体、吉野のつくり出したものではないし、「民主主義」や「デモクラシー」ということばもしばしば使っているという事実は残る。

吉野は名を捨てて実を取る。当然ながら問題は「デモクラシー」の可能性、その実現化であり、吉野にとって政治の目的ははっきりしている。「政治権力を運用する究極の目的は「一般民衆のため」」であり、「政策の最終的な決定を、人民の考え・意向に基づくべき」であるということだ。――この目的に向かって政治を運用しようとするのか・しないのかが、最も重要なことなので、それを「民本主義」と呼ぼうが呼ぶまいが、ことば自体はとりあえず、どうでもよろしい。それが吉野作造の真意にほかならない。

9　政治責任の側面

上杉慎吉のような憲法解釈をとる場合、政治責任が曖昧になる。次の条文が問題を生みだすひとつの要因である。「天皇ハ神聖ニシテ侵《おか》スヘカラス」（第三条）。意味するところは、「法律は君主を責問するの力を有せず」（伊藤博文《ひろぶみ》『憲法義解《ぎげ》』）であり、「天皇は政治責任を問われません」ということである。

一方では「国家のすべての権力」（天皇主権説）をもっているといいながら、他方、政治の責任を問われない。——とすれば、誰が責任をとるのかといえば、各々《おのおの》の国務大臣がそれぞれに、である（詳しくは11で触れる）。しかしその各国務大臣の責任とは、天皇に対してのみの責任である。

軍隊についても、天皇は「すべての権力」をもっている。すなわち軍隊を統率し、指揮する「統帥権《とうすいけん》」をもつのは天皇だけであり、天皇は大元帥《だいげんすい》（全軍を統率する大将）

である。「天皇ハ陸海軍ヲ統帥ス」（第十一条）。その意味は、「兵馬《へいば》の統一は至尊《しそん》（天皇）の大権にして、専《もっぱ》ら帷幄《いあく》（作戦計画をする場所、最高指揮官の軍営）の大令《たいれい》に属することを示す」条文である（伊藤、同上書）。しかし軍部には「帷幄上奏《じょうそう》」権というものがあった。軍の指揮・統帥に関して、統帥機関である参謀《さんぼう》総長（陸軍）、軍令《ぐんれい》部総長（海軍）は、内閣を通さずに、天皇に直接、軍事について報告し、同意を求める権利で、これがのちに軍部の独走を可能にする要因となる。吉野作造が「帷幄上奏論」（一九二二年）で述べているように、「国権の統一的運用を著しく妨ぐるものたるや疑いない」として批判したものにほかならない。

要するに、「内閣」の各国務大臣は、天皇が任命した存在であって、国民によって選ばれたのではない。軍部に至っては、国民どころか、内閣の抑制さえも受けずに政治を左右し得た（第二次西園寺公望内閣が総辞職したのはその例）。

政治は一体誰が動かしているのか。憲法上、天皇一人といいながら、実際は「内閣」（薩長藩閥）や「元老」（のちに重臣も）や「陸・海軍」（軍閥）や「枢密院《すうみついん》」や、また帝国議会内でも国民から選ばれたのではない議員が構成する「貴族院」という存在が、それぞれに影響を及ぼしているではないか。これらは国民が選んだのではない。

国民は「議会」（下院である「衆議院」）に関してだけ、選ぶことができる。その「議会」を通して、上記のさまざまな権力を持つ組織を、監視し、統制し、動かしていく方向に持っていくこと。――吉野作造の目ざしたことは、そういうことになろう（図1参照）。

いいかえれば、問題はこうである。政治的決定によって、統治され・支配され・行動を強制されるのは大多数の国民である。しかしその圧倒的多数の国民自身は政治的決定に参加する権利（選挙権）をもっていない。一方で税金を負担し、ときに生命の危険を冒す可能性を負担しながら、他方では自らの意見を政治に反映できない条件の下に置かれている状態である。そして政治の結果から生ずる、たとえば不利益については、しっかりと被《こうむ》らされるという状態なのだ。「国民」（「人民」）を頂点として↓「議員」↓（「議員」で構成する）「議会」↓「政府」という力関係こそが、「憲政を運用する上で最も大事なこと」であり、「憲政の弊害のすべては、この関係の逆転から生ずる」（一八八頁）のである。事実はまさに「政府」が力関係の頂点にあり、「国民」は底辺にあるという「関係の逆転」ではないか。――日比谷焼打事件その他、民衆の行動は、一面ではそのことへの集団的な反発、無意識的な抵抗の表現といえるか

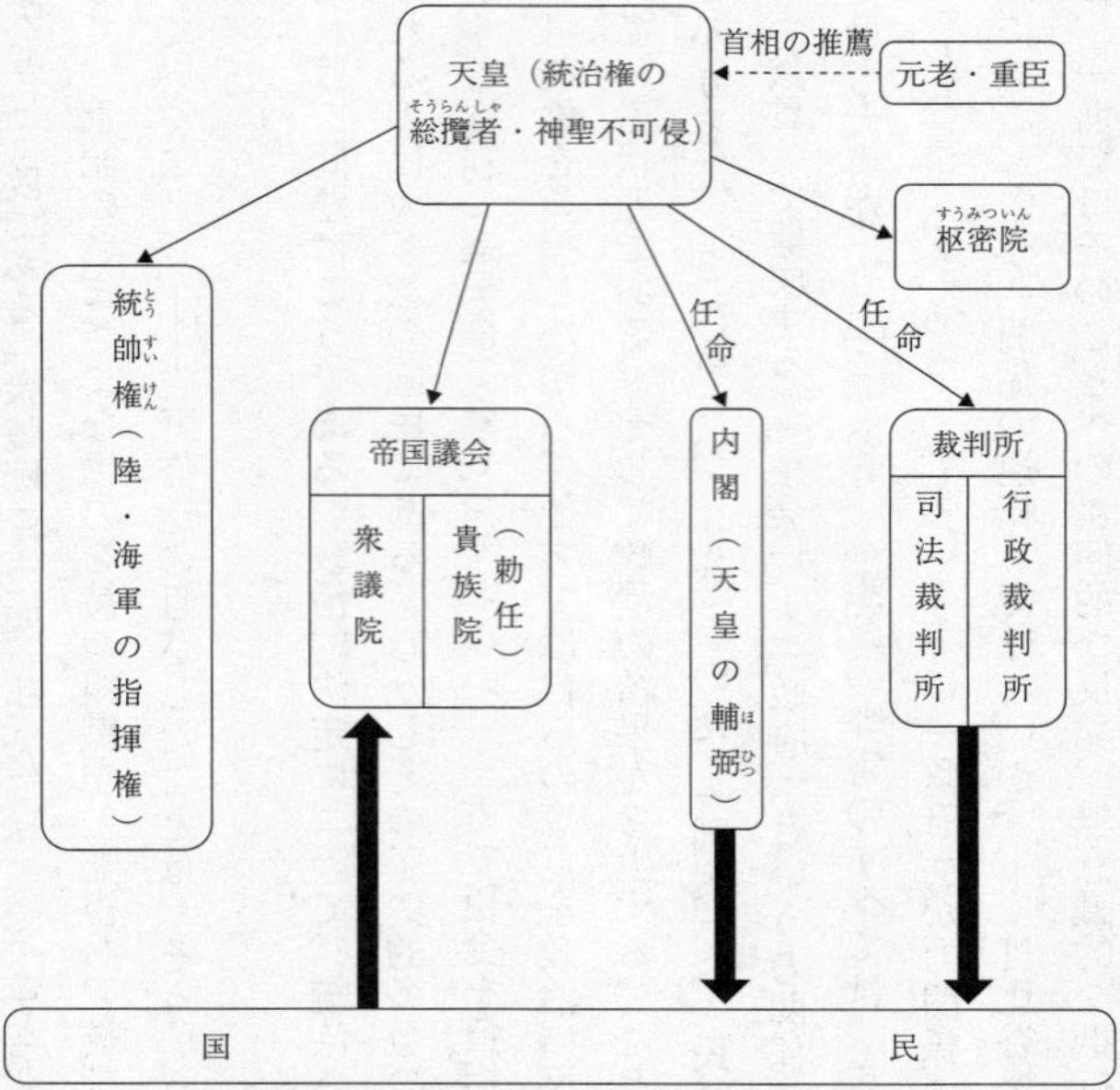

大日本帝国憲法下の政治機構（図１）

（図中の➡は、国民に直接かかわるなんらかの強制力あるもの）
（『改訂版 政治・経済用語集』政治・経済教育研究会編、山川出版社、二〇一三年、一九頁の図を若干修正）

もしれない。

10　「善政主義」批判――国民の精神的発達の視点から

では「善政」を行えば国民も文句はなかろう、藩閥内閣であろうが超然主義であろうが構《かま》うまい、という議論もあり得る。現にそれはあって、大隈重信内閣の後をうけて成立した長州閥の第一次寺内正毅《てらうちまさたけ》内閣の時に言われていた。そこで吉野は「善政主義」への根本的な批判を展開する（「善政主義と政争無用論を駁《ばく》す」一九一七年四月）。

吉野の批判はある意味で実に基本的でバカバカしいような論点を突く。そもそも「善政」を主義とすること自体が間違っている。政治の目的はすべて「善政」のはずだ。問題はその目的でなく、いかにその目的を達するかの、方法如何《いかん》なのだと。そしていう。「善政主義」は結局のところ「世話焼きの政治である」。親が子に対するような政治（父親的温情主義、「パターナリズム」）にほかならない。それは「個人に向っては唯《た》だ服従と盲目的信頼を強《し》ゆるのみ」の政治であり、もはや「今日の国家」では通用しない考えだ。なぜなら、個人それぞれに「積極的に国家の目的を意識せしめ、其《その》為《た》めに努力せしむること」によって、国家の「富強」をくわだてるのが「今日の国家」だからである。ところで藩閥、ことに軍閥にとっても、個人が「積極的に国家の目標」に向かって、自発的に「努力」するほうが好ましいはずではないか。

ここでも吉野は、相手の考えを頭ごなしに否定するのでなく、むしろ相手の発想に寄りそった議論で、相手の発想を乗り越えようとする。

吉野の「善政主義」批判の要点は、「国民の精神的発達の上」に被る損害の巨大さである。すなわち「善政主義」は「憲政の本義」にいう「智徳」（二一頁以下）の発達を妨げる要因でしかないという点が問題なのだ。これはほとんど福沢諭吉の主張の延長線上にある考え方といえる（福沢諭吉『学問のすゝめ』『文明論之概略』）。

明治の初年すでに批判されていた考え方は、半世紀近く経ってもまだ政治家には理解されていなかったか、または実際に行う気がなかったかのどちらかである。いずれにしても「善政主義」では、「憲政」の十全な発達を成しとげることはできない、というのが吉野の主張である。

11　責任内閣——大日本帝国憲法下での可能性

国民の精神的発達のためにも、吉野は政治的決定をできるかぎり広く多くの国民に委ねようとする。そのためには国民に政治参加と政治責任の両方を分け持たせなければならない。責任内閣（政党内閣、議院内閣）の主張はそれに係わる。

「内閣」とは、「日本の行政権を担当する最高の機関。首長としての内閣総理大臣とその他の国務大臣で組織する合議体」（『広辞苑』第七版）である。しかし大日本帝国憲法下での内閣は、天皇によって任命された国務大臣で構成されていて、大臣は天皇を輔弼《ほひつ》――「天皇の行為や決定に関し進言し、その結果について全責任を負うこと」（同右）――するだけの存在だった。「国務各大臣ハ天皇ヲ輔弼シ其ノ責ニ任ス」（第五十五条）。

天皇は「内閣」を構成する国務大臣たちに「輔弼」されて政治の決定を行う。しかし天皇は政治責任を問われないのだから、政治の責任は内閣を構成する国務大臣それぞれが負うことになるが、その責任は天皇に対してだけで、国民に対してではない。

国民の選んだ議員（ほとんどは政党に属するわけである）からなる「議会」「議院」の存在はどうなるのか。早い話が、「内閣」（だけでなく、軍隊もそうであるのは先に見たとおり）は、制度的に国民と直接の関係になく、極端にいえば国民の声を聞かなくても政治を（また軍事を）行うことができ、しかも政治は国民全体に影響を与えるにもかかわらず、その責任をとることはない――とれない？（「無責任の体系」！）――ものとして存在した。

大日本帝国憲法の下では、そもそも責任内閣（政党内閣、議院内閣）は、十全に発達するだけの手立てがなかったといえよう。吉野はその状況の中で、内閣が政治に――ということは、国民に対して――責任をもつべきこと（「責任内閣」）を主張した（二四一頁以下）。

いいかえれば、吉野作造が「立憲」的要素――政治権力へのしばり――を強調するのは「帝国議会の役割の強化」の試みであり、「責任内閣制」（政党内閣制、議院内閣制）の主張である。吉野の主張は、いわば「君主政体の国でも君主のほかに国会があって、国政に与《あずか》るの権」（美濃部前掲）をもっているという側面からの政治改革である。憲法の立憲的「運用」によって、権力を監視し抑制するための、「君主」と「国会」との協働という構想といえよう。

12 藩閥政府、内閣

歴代の内閣を通して藩閥政治と政党政治の係わりをみると、こんな様子である。第一代から第七代まで、仲良く長州（現・山口県）と薩摩（現・鹿児島県）が、代《かわ》り番《ばん》こに内閣を作っている。まさしく薩長藩閥政府である。

第一代・第一次伊藤博文内閣（長州）一八八五年〜八八年
第二代・黒田清隆《くろだきよたか》内閣（薩摩）一八八八年〜八九年
第三代・第一次山県有朋《やまがたありとも》内閣（長州）一八八九年〜九一年
第四代・第一次松方正義《まつかたまさよし》内閣（薩摩）一八九一年〜九二年
第五代・第二次伊藤博文内閣（長州）一八九二年〜九六年
第六代・第二次松方正義内閣（薩摩）一八九六年〜九八年
第七代・第三次伊藤博文内閣（長州）一八九八年

第三代の第一次山県内閣の時、帝国議会が開設（一八九〇年一一月）されるが、藩閥政府は「超然主義」（第二代・黒田清隆内閣総理大臣の発言）によって、議会とは関係なしに政治を推し進めていく。国民の考え・意思が反映されるのはわずかに衆議院だけで（図1参照）、しかも帝国議会発足当時、有権者数は日本国全人口の一％にすぎなかった。藩閥政府がいかに国民の声を政治に反映させないようにしていたかが、明白ではなかろうか。

第八代の第一次大隈重信内閣（憲政党（旧進歩党））の時に、日本最初の政党内閣いわゆる隈板《わいはん》内閣といわれるものができるが、四カ月の短命に終わる。その後は、長州閥の桂太郎と、立憲政友会総裁の西園寺公望が交互に政権を担当する「桂園《けいえん》時代」がくる。その間に明治時代から大正時代への改元。その時期、「憲政擁護」の民衆運動（護憲《ごけん》運動）によって第一五代の第三次桂太郎内閣が倒された、「大正政変」が起こる（一九一三年）。藩閥政治に対する民衆の批判が内閣を倒した経験などがあって、第一九代・原敬《はらたかし》内閣に至ってようやく、いちおうは初の政党内閣が誕生するということになる。

政党内閣（議院内閣）は、一九二四年、第二次護憲運動で総選挙に大勝して成立した、第二四代の加藤高明《かとうたかあき》内閣（憲政会・立憲政友会・革新倶楽部《くらぶ》のいわゆる護憲三派内閣）から、一九三一年、第二九代の犬養毅《いぬかいつよし》内閣（立憲政友会）まで、国民によって選出された議員で構成する衆議院の多数党が内閣を組織することになる。そして加藤高明内閣のとき、普通選挙法（二五歳以上の男子すべてに選挙権を与える）が成立（一九二五年）、しかし治安維持法（思想弾圧を強力に推し進めることになる法的根拠）との抱き合わせでの成立であった（同年）。その後、一九三二年の五・一五事件をもって、太平洋戦争前の政党内閣は終わる。

13　明治・大正政治史はどこへ行く――「明《あ》けッ放《ぱな》しの政治」の方へ

右の政治史の概略をいえば、要するに政権をほしいままにする「薩長藩閥政府」の打倒がまずは問題で、その問題に挑んだのが、明治時代には「自由民権運動」(憲法制定、国会開設の要求)であり、大正時代には護憲運動(「憲政擁護・藩閥打破」)であり、「民本主義」の主張であり、「大正デモクラシー」であったということができる。

歴史の方向性は明白だ。一九世紀末の大日本帝国憲法発布(一八八九年)、帝国議会開設(一八九〇年)以来、二〇世紀初頭まで、ゆっくりと、しかし確実に、政治に対して、国民の意見を代表する政党の影響力は強まり、「超然主義」を押し通すことはできにくくなり、藩閥の力が弱まっていく過程。――明治から大正にかけての歴史を、そう要約できよう。別にいえば、少数者が独占する政治体制から、広く国民全体が参加する政治体制への移行であり、「密室の政治」から「明けッ放しの政治」へ(一四一頁。鍵カッコ内のことばは吉野の原語どおり)の移行である。その逆ではない。たとえ一時的に腕力が政治を牛耳《ぎゅうじ》る時期があったとしても。

14　歴史的思考と問題の共有

吉野作造は、事のなりゆきを説明し、歴史の筋道を正し、世界の大勢を見極め、日本の進むべき方向を示す。吉野は本質的に政治史家であった。次の一節はその典型のひとつである（ちなみにいう。政治史家としての資質は、のちに吉野作造の重要な業績のひとつである『明治文化全集』を生みだすであろう）。

わが国では、明治初年以来、多数の人びとに意見を聴き、相談することをもって建国の方針としているのだ。明治天皇陛下は、維新のはじめ、現に、「広く会議を起《おこ》し万機《ばんき》公論に決すべし」〔五箇条の誓文の一つ〕と意思を明らかにされている。すなわち多数の人びとに相談して、公平にして、かつ理にかなった政治を行うという「民本主義」の精神は、明治初年以来、わが国の方針、国是《こくぜ》であった。今ごろになってこれを否認して、君主は少数の人の意見だけを聴くべきだなどと唱えるのは、政治世界の進化の大勢に逆行するものだ。（一三〇〜一三二頁）

これに限らない、吉野はたんに一方的な政権批判に留《とど》まることがほとんどない。ここでも同じ。「憲政の本義」を説いて、維新のはじめに返って、建国の方針（五箇条の誓文）を確認し、改めてみんなで問題を共有しようとする。国民のほんの一部の、特権階級なるものが政治を独占することの否定であり、「個人に向つては唯《た》だ服従と盲目的信頼を強《し》ゆるのみ」の政治（前掲「善政主義と政争無用論を駁す」）の否定である。

その後の歴史的事実は、けっして吉野作造が思想的に孤立していたのではないことを示すだろう。すなわち太平洋戦争の敗戦から数カ月後、一九四六年一月に出された詔書《しょうしょ》いわゆる「天皇の人間宣言」でも、その冒頭に「五箇条の誓文」が掲げられ、新日本の出発に際して、その文面の確認から始められている。またこの「人間宣言」のなかには「……民意ヲ暢達《ちょうたつ》シ（のびのびと育てて）、官民挙《あ》ゲテ平和主義ニ徹《てっ》シ……」という一文などもあって、ほとんど吉野的な発想──「民意」の重視と「官民挙ゲテ」（みんなで問題を共有して取り組もう）──に重なっている。

15　「衆愚《しゅうぐ》政治」批判

しかし一方で吉野は「多数による専制」、または「衆愚政治」も同時に批判する（一四二頁以下)。その批判はそのまま国民の「智徳」の発達の必要という議論に通ずるだろう。

要するに、多数の人民と少数の賢者がお互いに助け合って、初めて「憲政」は完全な発展が可能になるのである。／この「多数」「少数」関係を政治的にみれば、多数の人びとの意向・考え・望みが、国家を支配するのである。けれども、この関係を精神的にみれば、少数の賢者が国を指導するのである。〔…〕／政治的な意味でいう「民本主義」が、精神的な意味でいう「英雄主義」と完全にまざり合って一体となったところに、「憲政」の花は見事に咲き誇る〔「有終の美」！〕のである。(二四四〜一四五頁)

吉野による「多数による専制」批判の議論は、今日のいわゆる「ポピュリズム」(かりに大衆迎合《げいごう》主義と訳す)に対しての根本的な批判でもあり、その処方箋《せん》でもあり得る。

16　吉野作造の復活と日本国憲法

吉野作造が実現を目指した「民本主義」「デモクラシー」の考えは、太平洋戦争敗戦後に一部復活する。ポツダム宣言（一九四五年七月二六日発表）の十項にいう「日本国国民の間に於ける民主主義的傾向」を主導した代表的思想家のひとりが、ほかならぬ吉野作造なのだから。「民主主義的傾向の復活強化に対する一切の障礙《しょうがい》を除去すべし」……。他国の人びとが、わが吉野作造の思想を高く評価し後押ししてくれた格好である。

そして日本国憲法（一九四七年五月三日施行）がもたらされる。「すべて国民は、健康で文化的な最低限度の生活を営む権利を有する」（第二十五条）、「国は、すべての生活部面について、社会福祉、社会保障及び公衆衛生の向上及び増進に努めなければならない」（同条二項）。これは「民本主義」にいう「政治権力を運用する究極の目的は「一般民衆のため」」ではないか。

一方、二〇歳（二〇一五年以後、一八歳）以上の男女による「普通選挙」も成立する（第十五条三項）。責任内閣（政党内閣、議院内閣）制も制度として確立された。「内閣」

は国民に選ばれ、監視され得るものとなった。「両議院（衆議院・参議院）は、全国民を代表する選挙された議員でこれを組織する」（第四十三条）。「内閣総理大臣は、国会議員の中から国会の議決で、これを指名する。この指名は、他のすべての案件に先だつて、これを行ふ」（第六十七条）。これは「政策の最終的な決定を、人民の考え・意向に基づくべき」だということの、少なくともある程度の達成ではないか。

17　雅《が》量《りょう》の思想家・吉野作造

吉野作造の思想には、狭い政治論のワクを超えて、自由にものを考えることの開放性、一種の爽快さがある。学究としての立場に自己を限定していたこともその大きな理由にちがいない。第三者の立場で、事実を検討し、それに基づいて水ももらさぬ論理を推し進めていく。そこには忖度《そんたく》もなければ、自粛もない。説得的であるためには、「公平にして、かつ理にかなっ」（一三〇頁）ていること、「そしてその点に誠実であることこそが最大の武器だということを熟知しているからだろう。ゆえに議論の風通しがじつにいい。自らの論に間違いがあれば、訂正するにためらうこともないはずである。「反を伴はざる正だけでは、一段の高い綜合は得られない」（「無産階級の陣営に於ける内部闘争」一九二七年。△は原文)。これは、ある意見と反対意見との対立と矛盾を通じて、より高い段階の総合(考え)に至る方法(「弁証法的な思考法」)である。吉野作造は「高い綜合」をめざす。単に一方的にこれが唯一絶対に正しい、ということで推し進めるのではない、自由に検討する精神、開かれた対話の精神、自説に反対意見をぶつけてみる余裕ある態度といってもよい。

別にいえば漸進《ぜんしん》主義である。吉野作造は左右の党派を超えた思想家――「憲政の本義」が左右両派から批判されたのは象徴的である――、あたかも中江兆民《なかえちょうみん》『三酔人経綸問答』の南海先生のような思想家ということができる。実際、吉野作造のいう「民本主義」は、南海先生のいう「政事の本旨〔本来の趣旨〕」と大きく違わない。「国民の意嚮《いこう》〔意向〕に循由《じゅんゆう》し〔よりどころとし〕、国民の智識に適当し、其《そ》れをして安靖《あんせい》の〔安らかな〕楽しみを保ちて、福祉の利を獲《え》せしむる、是《これ》なり」(『三酔人経綸問答』)。

もちろん吉野は、絶対平和主義で突っ走る洋学紳士でなく、軍国主義・侵略主義で突っ走る豪傑君でもない。地道に漸進的に立憲政治(憲政!)へと進む南海先生に近い。ただし南海先生の考えは、まだ日清戦争前という日本国の国力がいかなるものであるか、半信半疑の時代だったこともあるが、苦渋の決断の結果であり「誤魔化《ごまか》せり」と批評される体《てい》のものであった。

ところが吉野作造の場合、漸進主義はほとんど世界観であり、社会観また人生観でさえもあった。しかも吉野は簡単に事が運ばれることなく、さまざまな考えにもまれ、鍛えられていくその過程（「弁証法的な思考法」）を、苦渋どころか、むしろ楽しんでさえいるかのようである。なにしろその過程こそは「憲政」の「有難味《ありがたみ》」（六二頁）であり「妙趣」（一九五頁）であるというのだから。いわば批判を歓迎する態度であり、これを吉野は「雅量」（二六〇頁）と表現する。寛容といってもいいが、雅量という、雅《みやび》で大らかな度量という字面《じづら》と語感をもつことばが、いかにもふさわしい（英語でいえばこれはliberalということになろう）。自分と考えが同じでなければすぐ排除し否定し「分断」するほか能がないかのような行き方とはおよそ正反対の立場に立つ。「雅量」は、時代が変わり、社会が変わり、また左右いかなる立場であろうとも、「デモクラシー」を進めるためには欠くことができない。雅量の思想家としての吉野作造。――そのあらゆる主義主張を超えて、「雅量」をみずから示してみせた点にこそ、思想家としての吉野作造の不朽の功績があり、今に生きる最も重要な点のひとつがあるのではないだろうか。

■主要参考文献

『吉野作造選集』全一五巻・別巻一（岩波書店、一九九五年〜一九九七年）
『吉野作造政治史講義　矢内原忠雄・赤松克麿・岡義武ノート』吉野作造講義録研究会編（岩波書店、二〇一六年）
『吉野作造』日本の名著48　三谷太一郎編（中央公論社、一九七二年）
『吉野作造評論集』岡義武編（岩波文庫、一九七五年）
『吉野作造集』近代日本思想大系17　松尾尊兊編（筑摩書房、一九七六年）
『憲政の本義―吉野作造デモクラシー論集―』（中公文庫、二〇一六年）
田中惣五郎『吉野作造―日本的デモクラシーの使徒―』（三一書房、一九七一年）
田澤晴子『吉野作造―人世に逆境はない―』（ミネルヴァ書房、二〇〇六年）
松本三之介『吉野作造』近代日本の思想家11（東京大学出版会、二〇〇八年）
太田哲男『吉野作造』（清水書院、二〇一八年）

吉野作造年譜

一八七八年（明治一一）

一月二九日、宮城県志田《しだ》郡大柿《おおがき》村（現・大崎《おおさき》市古川十日町《ふるかわとおかまち》）の糸綿商吉野家の長男として生まれる。戸籍名は作蔵。

一八八一年（明治一四）　三歳

一〇月、明治十四年の政変。

一八八四年（明治一七）　六歳

三月、宮城県古川尋常小学校に入学、成績優秀。

一八八五年（明治一八）　七歳

一二月、内閣制度が創設される。初代内閣総理大臣伊藤博文《ひろぶみ》。

一八八八年（明治二一）　一〇歳

古川高等小学校に進む。

一八八九年（明治二二）　一一歳

二月一一日、大日本帝国憲法発布。

一八九〇年（明治二三）　一二歳

七月、第一回総選挙。同月、第一回貴族院伯子男爵議員互選選挙。一〇月、教育勅語発布。一一月、帝国議会が開かれる。

一八九二年（明治二五）　一四歳

三月、古川高等小学校を首席で卒業。

九月、宮城県尋常中学校（現・仙台一高）に入学、翌年春から学業優秀により特待生となる。

一八九三年（明治二六）　一五歳
一月、数名の学友と雑誌購読会をつくる。

一八九四年（明治二七）　一六歳
八月、日清戦争勃発（～一八九五年四月）。

一八九五年（明治二八）　一七歳
四月、三国干渉。

一八九七年（明治三〇）　一九歳
三月、宮城県尋常中学校を首席で卒業。
九月、第二高等学校法科に無試験で入学。このころ、アニー・S・ブゼルのバイブル・クラスに出席する。海老名《えびな》弾正《だんじょう》らの説教を聞く。

一八九八年（明治三一）　二〇歳
七月、浸礼《しんれい》をうける。

一八九九年（明治三二）　二一歳
阿部たまのと結婚。

一九〇〇年（明治三三）　二二歳
七月、第二高等学校法科を二番で卒業。
九月、東京帝国大学法科大学政治学科に入学。同月、立憲政友会創設（伊藤博文総裁）。一一月、弓町本郷《ゆみちょうほんごう》教会に参加し、雑誌『新人』の編集に協力。

一九〇一年（明治三四）　二三歳
九月、小野塚喜平次《おのづかきへいじ》の政治学講義を聴き傾倒する。

一九〇二年（明治三五）　二四歳
九月、『国家学会雑誌』幹事（～一九

〇五年五月)。

一九〇三年(明治三六)　二五歳

九月、穂積陳重《ほづみのぶしげ》教授の法理学演習に参加する。

一九〇四年(明治三七)　二六歳

二月、日露戦争勃発(～一九〇五年九月)。七月、東京帝国大学法科大学政治学科を首席で卒業。政治史研究のため大学院に進む。

一九〇五年(明治三八)　二七歳

八月、東京で中国同盟会成立。九月、日比谷焼打事件。この年、島田三郎《しまださぶろう》、海老名弾正、浮田和民《うきたかずたみ》らと「朝鮮問題研究会」を組織する。

一九〇六年(明治三九)　二八歳

一月、袁世凱《えんせいがい》長子克定《こくてい》の家庭教師として、中国・天津《てんしん》におもむく(～一九〇九年一月)。

一九〇七年(明治四〇)　二九歳

三月、北洋督練処翻訳官として、国際法を講義。九月、北洋法政専門学堂教習を兼務し、政治学と国法学を担当。

一九〇八年(明治四一)　三〇歳

四月、古川で大火、吉野家類焼、破産。

一九〇九年(明治四二)　三一歳

一月、中国から帰国。二月、東京帝国大学法科大学助教授に任命され、政治史を担当。

一九一〇年(明治四三)　三二歳

四月、政治史・政治学研究のため欧州に留学。五月、大逆事件起こる(翌、一九一一年一月、幸徳秋水《こうとくしゅうすい》ら一二人が処刑される）。

一九一一年（明治四四）　三三歳

九月、ウィーンで生活必需品の暴騰《ぼうとう》に対する抗議デモを見る。一〇月、辛亥《しんがい》革命勃発。

一九一二年（明治四五／大正元）　三四歳

一月、南京に中華民国成立。年末から翌一九一三年初頭にかけて、第一次憲政擁護運動起こる。

一九一三年（大正二）　三五歳

二月、第三次桂太郎内閣総辞職（大正政変）。七月、帰国。同月、政治史講座担当を命ぜられる。一一月、滝田樗陰《たきたちょいん》の訪問をうける。

一九一四年（大正三）　三六歳

七月、第一次世界大戦勃発（～一九一八年一一月）。同月、教授に昇任。

一九一五年（大正四）　三七歳

一月、対華二十一カ条要求。一二月、中国第三革命。

一九一六年（大正五）　三八歳

一月、『中央公論』誌上に「憲政の本義」論文（本訳書の原典）を発表する。中国革命史研究に着手。

一九一七年（大正六）　三九歳

三月、ロシア革命起こる（一一月にも）。

一九一八年（大正七）　四〇歳

一一月、浪人会との立会《たちあい》演説会開催。一二月、黎明会《れいめいかい》を結成。

一九一九年（大正八）　四一歳

三月一日、朝鮮で三一《さんいち》運動はじまる。五月四日、中国で五四《ごし》運動起こる。

六月、ベルサイユ条約締結。一一月、賛育会本所産院開院式。この頃、朝日新聞社客員となり、翌年一月から寄稿。

一九二〇年（大正九）　四二歳
一月、国際連盟発足。同月、森戸辰男《もりとたつお》筆禍事件。

一九二一年（大正一〇）　四三歳
一一月、ワシントン会議（〜一九二二年二月）。

一九二二年（大正一一）　四四歳
一二月、財団法人文化普及会設立、理事就任。

一九二三年（大正一二）　四五歳
九月一日、関東大震災で大学研究室の蔵書を多く焼失する。同月、朝鮮人虐殺起こる。

一九二四年（大正一三）　四六歳
一月、第二次憲政擁護運動起こる（〜五月）。二月、東京帝国大学教授を辞職、朝日新聞社に入社。五月、講演などが原因となり、朝日新聞社を退社。東京帝大法学部講師（政治史担当）となる。
一一月、明治文化研究会を組織する。

一九二五年（大正一四）　四七歳
一月、東大病院に入院（〜六月）。二月、『新旧時代』発刊。
四月、治安維持法公布。五月、普通選挙法公布。

一九二六年（大正一五／昭和元）　四八歳
七月、宮崎滔天《みやざきとうてん》著『三十三年之夢』の解題を付す。一二月、大正天皇没。

一九二七年（昭和二）　四九歳

二月、日本評論社が『明治文化全集』発行を決定（一〇月刊行開始）。三月、金融恐慌。

一九二八年（昭和三）　五〇歳

二月、第一回（男子の）普通選挙実施。三月、三・一五事件。八月、不戦条約（ケロッグ・ブリアン条約）締結。

一九二九年（昭和四）　五一歳

一月、『明治文化研究』の編集人兼発行人となる。

一九三〇年（昭和五）　五二歳

一月、ロンドン海軍軍縮会議（四月調印）。統帥権干犯《とうすいけんかんぱん》問題起こる。七月、『明治文化全集』全二四巻完結。

一九三一年（昭和六）　五三歳

九月一八日、満州事変。一〇月、リットン調査団報告書が公表される。

一九三二年（昭和七）　五四歳

五月、五・一五事件。七月、社会大衆党結成、顧問就任。

一九三三年（昭和八）　五五歳

一月、賛育会病院に入院。三月一八日午後九時三〇分死去。三月二七日、日本、国際連盟を脱退。

訳者あとがき

本書は吉野作造の代表作の現代語訳です。吉野作造といえば必ずといっていいほど挙げられるのが、この論文です。およそ百年前に書かれました（一九一六年一月発表）。ですからこれを読まずに吉野作造を語るというわけにはいかないでしょう。べつに吉野作造を語らなくても困らないかもしれませんが。ただ本書で述べられている問題（「民本主義」つまり「デモクラシー」の実現はいかにして可能となり得るか）は、個人的な好き嫌いで片づけられてしまうほど単純な話でもなさそうです。

現にそのいい例（悪い例？）が、二〇一九年七月の参議院議員選挙の投票率で、史上二番目の低い数字でした（四八・八〇％）。史上最低の記録は、阪神・淡路大震災とオウム真理教による地下鉄サリン事件があった一九九五年の七月の参院選です（四四・五二％）。

選挙、つまり私たちの意向や利害や価値観や考えを代表して、国会で議論を戦わせる候補者を選ぶ投票行動に、参加しない国民のほうが、参加する国民よりも多いのですから、民主主義が――いや、政治そのものが――うまく機能していないのではないか、という素朴な疑問が出てくるのもある意味では当然でしょう。参議院の存在意義はあるのかどうかとか、いま国会でははじめに結論があって、その結論をただ数にまかせてむやみに押し通すだけで議論などまともに戦わされていないではないかとか、その他いろいろ、低い投票率の理由をめぐって専門家が説明していますから、ここでは触れません。

そこで本書です。この本はご覧の通り、もちろん選挙の意味だけでなく、まるで今私たちの目の前で起こっている政治現象をどう考えたらいいのか、丁寧にわかりやすく説き明かしているような内容です。根本にあるのは、なぜ「デモクラシー」という考え方が起こってきたのか、そして「デモクラシー」実現のために人は何をなすべきかということです。思想的な背景や歴史の流れを自在に語りながら、吉野作造はその手がかりを提出しています。

一例として「立憲」という考え方、「立憲主義」を挙げましょうか。政府の権力を制限するもの、しばりをかけるのが「立憲主義」です。何のために？　政府の権力から国民（の基本的人権）を守るために。これが近代の憲法で欠くことのできない点です。だから、もしかりに憲法によってしばられている当の政府が、自分で勝手にそのしばりを取り除こうとするならば、まったく「立憲主義」がわかっていないか、わかっていてそうするならば、これは「立憲主義」を破壊しようとする行為ということになります。吉野作造が明快に指摘していたのは、そういうことです（「解説」参照）。言うまでもないことかと思いますが、これは昔々の、どこか遠い国のお話ではないでしょう。

「立憲主義」に限りません。吉野作造は「言論思想の自由」の重要さと、その必要性を述べ、「制度の必要」を主張し、しかも「制度」のみでは足りないことも指摘し、二大政党制について論じ、「人民投票」が採用されない理由を解説し、「衆愚政治」批判を展開し、国民一人一人の「智徳」の向上をめざし、「民意」のたしかな存在を示し、「憲法の精神」こそが大事であることを強調する……。いや、たしかに本書は、おのずから今の私たちの世界（地球上のあの国この国）の状況を想起させずにはおかないのではないでしょうか。

この現代語訳について一言《いちげん》します。原文は改行の極端に少ない、長い文章が続いていきます。本書では読みやすさに徹して、改行を頻繁におこないました。小見出しも二、三の例外を除いて、すべて訳者がつけたものです。するとどうでしょう、原文では錯綜して読者がどこへ連れて行かれるのか必ずしも明確でなかった（と感じられる）吉野作造の文章が、実に様々に整理された厖大な知識の例示であり、それらが論文の全体にとってどういう意味をもち関係をもつかということが、きれいに浮き上がってくる、という発見がありました（それでもなお、錯綜する箇所はあるでしょうが）。この訳文がどの程度に読みやすく理解しやすいものとなったかどうかは、読者の判断にまつほかありません。

本書に述べられている内容は、吉野作造がすでにいくつかの論文で書き、また講義で話したものを整理し総合して出来上がったものといってもいいでしょう。ですから、一から書いたわけではないのですが、吉野作造は口述筆記（筆記者は滝田樗陰《たきたちょいん》）によって、本書をほとんど五日で完成させました。驚くような速さです。だからというわけでもありませんが、読者もあまり肩に力を入れたりせずに、まずは気軽に目を通されたらいかがでしょう。生真面目な読者ほど、身構えてしまって、闊達な精神でのびのびと書物に取り組むことができず、結局、古典を遠ざけてしまう――そんなことがあるとすれば、なんとも損な話ですから。
最後になりましたが、本書刊行に際して、高所大所から的確な目配りをされた中町俊伸氏に、こまごまとした作業にまでよく配慮された佐藤美奈子氏に、本書への最初のひと押しをされた駒井稔氏に、そして校閲、校正の方々に、感謝します。

訳者

二〇一九年九月九日　台風一五号が通り抜けた東京にて

本書の「まえがき」中、立憲政治の重要性を説く部分において、アメリカ人、イギリス人と比較する形でスペイン人およびメキシコ人に対して、「そうでなくても英国人より劣るスペイン人なのに、さらにその中の、ことに劣等な階級から出てきたのだから」、「こんにち言う『メキシコ人』とは、この混血児のことである。しかもこれら混血児は、ただ両親の弱点だけを受け継いで、道徳的品性においては最も劣っている」などの表現が用いられています。人種についてだけでなく、ハーフに関して、今日の観点からすると許容されるべきでない、偏見と差別に基づく表現が使用されています。これらは、本論文が発表された一九一六年（大正五年）当時の日本における未熟な人権意識に基づくものですが、現在に至っても、大きな社会問題であるのはご承知のとおりです。しかしながら編集部では、大正デモクラシーに大きな影響を与えたとされる本作品を深く理解するために、これらの差別的表現についても、原文に忠実に翻訳することを心がけました。それが今日にも続く人権侵害や差別問題を考える手がかりとなり、ひいては本作品の歴史的価値を尊重することにつながると判断したものです。差別の助長を意図するものではないことをご理解ください。編集部

kobunsha classics
光文社古典新訳文庫

憲政《けんせい》の本義《ほんぎ》、その有終《ゆうしゅう》の美《び》

著者 吉野作造《よしのさくぞう》
訳者 山田博雄《やまだひろお》

2019年11月20日 初版第1刷発行

発行者 田邉浩司
印刷 新藤慶昌堂
製本 ナショナル製本

発行所 株式会社光文社
〒112-8011東京都文京区音羽1-16-6
電話 03（5395）8162（編集部）
03（5395）8116（書籍販売部）
03（5395）8125（業務部）
www.kobunsha.com

ISBN978-4-334-75414-3 Printed in Japan

いま、息をしている言葉で、もういちど古典を

長い年月をかけて世界中で読み継がれてきたのが古典です。奥の深い味わいある作品ばかりがそろっており、この「古典の森」に分け入ることは人生のもっとも大きな喜びであることに異論のある人はいないはずです。しかしながら、こんなに豊饒で魅力に満ちた古典を、なぜわたしたちはこれほどまで疎んじてきたのでしょうか。

ひとつには古臭い教養主義からの逃走だったのかもしれません。真面目に文学や思想を論じることは、ある種の権威化であるという思いから、その呪縛から逃れるために、教養そのものを否定しすぎてしまったのではないでしょうか。

いま、時代は大きな転換期を迎えています。まれに見るスピードで歴史が動いていくのを多くの人々が実感していると思います。

こんな時わたしたちを支え、導いてくれるものが古典なのです。「いま、息をしている言葉で」——光文社の古典新訳文庫は、さまよえる現代人の心の奥底まで届くような言葉で、古典を現代に蘇らせることを意図して創刊されました。気取らず、自由に、心の赴くままに、気軽に手に取って楽しめる古典作品を、新訳という光のもとに読者に届けていくこと。それがこの文庫の使命だとわたしたちは考えています。

このシリーズについてのご意見、ご感想、ご要望をハガキ、手紙、メール等で翻訳編集部までお寄せください。今後の企画の参考にさせていただきます。

メール　info@kotensinyaku.jp

★続刊

ラ・ボエーム　アンリ・ミュルジェール／辻村永樹・訳

一八四〇年代パリを舞台に、詩人ロドルフ、音楽家ショナール、画家マルセル、哲学者コリーヌらの自由放埒な生活を描く小説。貧乏芸術家たちの恋、笑い、議論で綴られる生の真髄！　オペラ『ラ・ボエーム』、ミュージカル『レント』などの原作。

賭博者　ドストエフスキー／亀山郁夫・訳

ドイツの観光地に滞在する将軍家の家庭教師の青年アレクセイは、ルーレット賭博に魅了され、取り憑かれたように勝負に出るのだが……。賭博にのめり込んでいく人間の狂気と破滅していく人間の深層心理を鋭く描き出した〝自伝的〟作品。

戦争と平和1　トルストイ／望月哲男・訳

一九世紀初頭のナポレオン戦争の時代を舞台に、ロシア貴族の興亡からロシアの大地で生きる農民に至るまで、国難に立ち向かう人びとの姿を描いたトルストイの代表作。「あらゆる小説の中でもっとも偉大な作品」（モーム）と呼ばれる一大叙事詩。